重访民族志丛书

何 明 高志英 主编

走出去

金秀瑶山手机媒介应用的民族志调查

何海狮 欧阳洁 著

商务印书馆
The Commercial Press

本书系云南大学民族学一流学科建设规划项目成果

中国知识生产的反思

——"重访民族志丛书"总序

在云南大学"211工程"三期民族学重点学科建设中,我负责实施"云南少数民族调查研究基地"建设项目,从2003年开始在云南少数民族农村建设了10个调查研究基地(之后又有所增加)。该项目不仅要建设房屋等相关基础设施以供师生进入农村进行田野调查时生活和工作所需,而且要推进科学研究、人才培养等学科内涵建设,其中包括由作为"我者"的村民记录本村发生的事情的"村民日志"和作为"他者"的学者长期跟踪调查及民族志研究。"村民日志"和学者跟踪调查、民族志研究两项学术规划的目的,是推动中国民族学和人类学界从中国的田野经验出发回应后现代人类学,反思民族志研究。

众所周知,中国学界自20世纪初引进民族学和人类学学科之后不久,就出现了近半个世纪的国际学术交流"空窗期",直到21世纪初期中国学界仍然延续着现代人类学及之前的理论方法,进化论、传播论、结构-功能主义的阴影在中国又持续了半个多世纪。民族志研究主要受以实证主义认识论为基础的科学民族志影响而固化成马林诺夫斯基式的民族志研究范式,其设定学者的田野调查和撰写的民族志能够客观真实地呈现对象世界。

然而,国际科学技术突飞猛进,哲学思潮不断更迭。爱因斯坦的相对论、海森堡的测不准定律等科学发现揭示了近代以来自然科学的局限性;德里达的解构主义、萨义德的东方学等后现代主义思潮则着力于批判西方理性主义和殖民主义所形塑的意识形态、剥离"词"与"物"关系的"分离术"以及阐明知识与权力、学术与政治的关系等。在此背景下,后现代人类学应运而生,对现代人类学及其科学民族志进行解构,对其所宣称的"客观性"进行祛魅,揭露田野调查和民族志文本写作过程中的权力关系、研究者的社会文化母体和个人观念意识等主观性的局限,强劲的"反思"旋风把马林诺夫斯基等人创立的现代人类学及科学民族志拉下神坛。

后现代人类学所倡导的反思民族志与现代人类学的科学民族志的区别在什么地方呢? 一言以蔽之,后者是本体论的民族志,前者是知识论的民族志。现代人类学承认"我者"与"他者"之间存在不同文化体系所形成的距离和隔阂,但认为这种距离和隔阂可以通过研究者深入研究对象的生活并参与观察、学习与掌握研究对象的语言等田野调查技术"钻进土著的心里",从而缩小距离与消除隔阂,所撰写出的民族志能够客观准确地呈现研究对象的真实世界。而后现代人类学则认为,"我者"与"他者"之间的距离的根源是认识论,特别是近代以来西方剥离"词"与"物"关系的"分离术"认为:只采用一些技术或技巧对消除"我者"与"他者"之间的距离根本无济于事,只有通过不断反思与批判西方近代以来形成的意识形态以及通过"词"与"物"关系的"分离术"才能弥合与克服。因此,民族志的价值在于揭开民族志知识生产的面纱,揭露其中不平等的权力关系,批判西方与其殖民地之间的支配与被支配关系及其间的意识形态霸权。

为此,我们尝试用中国的田野故事与后现代人类学进行对话。组织撰写"村民日志"的目的是"释放被遮蔽或压抑的文化持有者的话语权,让其拥有自主的文化叙述与解释权利,形成独特的文化持有者的'单音位'文化撰写模式",故第一辑"村民日志"(共10部)出版时冠以"新民族志实验丛书"之名。组织老师们调查研究与撰写反思民族志,则是为呈现研究者与研究对象之间交互主体性的建构过程及其所达成的高度,反思中国学者的民族志知识生产。

如果说"村民日志"是文化持有者的"单音位""歌唱",那么本套"重访民族志丛书"则力求为研究者和研究对象搭建起共同的"多音位""对唱"与"合唱"的舞台。我们坚信,我们能够为世界民族学和人类学的进步奉献中国经验和中国智慧。

是为序。

何　明

2019 年 10 月 6 日于白沙河寓所

目　录

第一章　导　论

以智能手机为载体的信息技术在最近几年以横扫之势"收割"了从城市到农村的大批用户。与以往的信息科技不同，智能手机对个体、家庭和社会的介入是如此之深，以至于人们的生活越来越趋向"屏幕化"。常被视为"传统""封闭""落后"的金秀大瑶山也被这股智能手机潮流席卷。本民族志即旨在记录与分析金秀瑶民是如何被卷入其中，手机如何改变瑶民，瑶民又是如何应对与适应的。

众所周知，1935年，人类学家费孝通和王同惠走进金秀大瑶山，完成《花篮瑶社会组织》等民族志研究成果。自此，金秀成为中国人类学史上经典的民族志田野点，吸引了大量学者进行各种形式的研究与回访，催生了一大批研究成果。费孝通本人也在20世纪70年代之后不断重走大瑶山，对金秀瑶族进行追踪研究。本民族志也同样可视为金秀瑶族回访民族志的成果之一。

本章的基本安排是：第一节，笔者对金秀大瑶山的回访与研究进行简要学术回顾；第二、三节，笔者对本书的核心研究对象——传媒及其与农村的互动相关文献进行大致梳理；最后一节，笔者对田野点进行简单介绍。

第一节　金秀大瑶山的研究与再研究

金秀大瑶山,山高岭峻,地势险要,各类人群杂处其间。明正统七年(1442年)起,以大瑶山为中心的大藤峡不断爆发大小规模不等的起义(即大藤峡起义,也称藤峡盗乱等)。此后,朝廷开展数次大规模镇压,终于在嘉靖十八年(1539年)经明将蔡经率5万余大军围攻获胜,历时近百年的大藤峡起义结束。

大藤峡起义对该地区日后的政治生态及族群结构造成深远影响,影响之一就是瑶族的汉化。广西大藤峡瑶族的汉化,主要通过"制造汉族家族"的方式实现。动乱之后的大藤峡瑶族准备归顺朝廷,于是开始了一系列正统化的努力,其中的核心操作就是深度融入汉族家族文化的实践。他们仿照从广东而来的商人的宗族谱系,创造出瑶族的宗族谱系,并通过一系列仿汉族家族活动强化其观念和实践。在此过程中,为了更为彻底地融入汉族家族文化,他们甚至直接抄袭了这些广东商人的祖先源流,也自认是由广东而来的同一批祖先的后人。[①] 不过,身处大藤峡起义核心地点之一的金秀瑶族,大概因其险要地势,继续秉持瑶族身份,定居至今。

从地图上看,金秀大瑶山是一个完整的地理生态。但是,在政治上,金秀大瑶山却长期处于多县分而治之的状态。明清时期,现今金秀

---

① 唐晓涛:《试论"猺"、民、汉的演变——地方和家族历史中的族群标签》,《民族研究》2010年第2期。

县境由当时的修仁、荔浦、平南、桂平、武宣、象州等大瑶山周边县切割分辖。民国政府曾增设金秀设治局,试图对金秀进行双重管辖,但很快撤销,最后依然由各县分辖。直到1952年大瑶山瑶族自治区成立,金秀才在政治管辖上构成一个整体。

据金秀瑶族自治县政府最新统计数据,截至2014年底,金秀瑶族自治县人口为15.46万人,其中瑶族人口占34.8%。在金秀,汉族已经是主体民族。之所以出现这种情况,除了汉族居民的不断迁入外,另一个主要原因是汉族人口居多的平地乡镇桐木镇(原属象州县)和头排镇(原属鹿寨县)被划入金秀。桐木镇是人口和经济重镇,人口现已逾6万,且经济发展水平较高。桐木镇的并入,大大有利于金秀的发展。值得一提的是,桐木镇和头排镇被划入金秀,始于费孝通先生的提议——他认为金秀要发展,还需要与外部市场进行衔接。

金秀大瑶山是一个典型的瑶族聚居地。单就瑶族支系而言,这里就分别居住着盘瑶、茶山瑶、花篮瑶、山子瑶、坳瑶五类。各支系内部,因地理位置等方面的不同,会出现文化上的差异;各支系之间,又可能因相互借鉴等作用,共享相同的文化。错综复杂、立体丰富的瑶族社会与文化体系,使金秀成为民族研究的一个著名富矿区,引无数学者走入瑶山。

一、费孝通等人的早期探索

金秀大瑶山是中国民族研究的宝库之一。自1926年起,国立中山大学的生物系团队在辛树帜的带领下先后多次深入广西大瑶山进行专业考察。他们在进行生物标本搜集、整理之余,也非常关注当地的村落。他们很早就开始关注在大瑶山生活的瑶民,对瑶民的风俗习惯进行观察和记录,并最终留下了大量有价值的文字资料。如任国荣根据对当地瑶族风俗习惯的观察写成的《瑶山两月观察记》①,石声汉以瑶歌作为分析对象撰写的《瑶歌》②,庞新民根据对广东北江地区和广西大瑶山地区的比较研究撰写的《两广猺山调查》③,以及辛树帜的《广西前途和瑶山研究》④等珍贵资料成果。此外,值得我们关注的早期大瑶山研究还包括长期在大瑶山生活的唐兆民所撰写的《傜山散记》⑤。总的来说,国立中山大学的生物系团队最先开展有关这片土地的相关研究,但毕竟首次踏入大瑶山的国立中山大学生物系团队主要开展动植物采样的相关研究,他们缺乏基本的民族理论和实践研究经历,所以对金秀大瑶山瑶族的研究尚不够深入和专业。但不管怎样,国立中山大学对金秀大瑶山的考察,实际上开启了金秀研究的大门,让金秀大瑶山逐渐引起了部分学者的关注,也才有了后续的大量成果。

此后虽有不少学者到金秀大瑶山考察,但人类学意义上首次真正的金秀瑶山民族志研究,应属费孝通与王同惠在1935年所进行的调查。应广西省政府"特种民族"的研究邀请,费孝通与王同惠于1935年前往广西大瑶山对花篮瑶进行田野调查。在调查过程中,费孝通因迷路而误入捕猎陷阱,而王同惠在求援的路上不幸失足坠落悬崖遇难。尽管后来费孝通被瑶民救出,但调查也只能提前结束。费孝通后来将

---

① 任国荣:《瑶山两月观察记》,《国立中山大学语言历史学研究所周刊·广西瑶山调查专号》第4卷第46期。

② 石声汉:《瑶歌》,《国立中山大学语言历史学研究所周刊·广西瑶山调查专号》第4卷第47期。

③ 庞新民:《两广猺山调查》,中华书局1935年版。

④ 辛树帜:《广西前途和瑶山研究》,《新广西旬报》1928年第2卷第13号。

⑤ 唐兆民:《傜山散记》,新文丰出版公司1980年版。

他们的调查资料整理为《花篮瑶社会组织》①一书出版。此外,《宇宙旬刊》也发表了二人的《为调查研究桂省特种部族人种》②。《花篮瑶社会组织》一书运用了人类学的方法和理论,从亲属、家庭、族团等方面出发,分析了花篮瑶的人口情况和生活情况,并深入分析了族团和族团之间的关系问题。显然,该著作是用严格人类学田野调查方法调查与撰写的广西大瑶山民族志研究的开山之作,对后来的金秀瑶族研究具有重大的意义。此外,费孝通、王同惠在田野调查中零散发表的《桂行通讯》③也对大瑶山的状况进行了一定的记述。

改革开放后,费孝通又先后于1978年、1981年、1982年和1988年四次回访金秀大瑶山,并留下了大量关于金秀瑶山各瑶族支系经济、社会与文化的研究成果。同时,费孝通还积极为金秀经济发展建言献策,包括提请将金秀周边一个富足的汉族乡镇(桐木镇)划入金秀,助推金秀经济增长。

不过,费孝通之所以在金秀研究者中凸显出来,主要是因为费孝通将金秀研究带入的学术高度,即以金秀来思考一系列人类学、民族学学术命题。比如,我们耳熟能详的"中华民族多元一体格局"理论。众所周知,民族走廊理论是"中华民族多元一体格局"理论的重要支撑理论,而金秀研究就是支撑费孝通先生提出南岭民族走廊的田野基础。

又比如,在多次金秀田野调查的过程中,费孝通一直在思考瑶族共同体是如何形成的这一难题。他在《瑶山调查五十年》中,明确且清晰地表达了这种困惑。

---

① 此书为费孝通根据他与王同惠在瑶山搜集的材料整理、编著而成。
② 费孝通、王同惠:《为调查研究桂省特种部族人种》,《宇宙旬刊》1935年第3卷第8期、1936年第4卷第3期。
③ 费孝通、王同惠:《桂行通讯》,《社会研究》1936年第109、114、115、118、119、129期。

在长达四五百年的时间里,说不同语言的集团,陆续进入瑶山,由于共同的利益,团结起来保卫这个山区,汉人就把他们统称为瑶族,终于形成了现代的讲不同语言、有不同服饰、在习俗上也有一定差异的,由几个集团形成的叫做瑶族的统一体。为此,我们不能简单地用语言一致的标准来进行民族识别。但我们也不能说大瑶山的瑶族不是一个民族的共同体,尽管它是由五个来源不同的集团所组成,而且还讲着分属三种语支的五种语言。于是这里便产生了诸多值得在理论上进一步探讨的问题,即什么是形成一个民族的凝聚力?民族共同体意识是怎样产生的,它又是怎样起变化的?一个民族的共同体在语言、风俗习惯、经济方式等方面能承担多大的差别?为什么一个原本聚居在一起的民族能长期被分隔在不同地区而仍然保持其共同意识?依然保持其成为一个民族共同体?一个民族又怎样能在不同条件下吸收其他民族成分,不断壮大自己的共同体?又怎样会使原有的民族成分被吸收到其他民族中去?这些问题的提出将为我们今后的民族研究工作开辟出广阔的园地。①

费孝通先生连续追问的核心就是,这些语言(金秀大瑶山的瑶族就"分属三种语支的五种语言")、风俗习惯(服饰、节日、文化传统等)、经济方式等均存在较大差异的群体为什么构成了一个统一的瑶族共同体。实际上,费孝通先生的瑶族共同体形成问题并不局限于金秀大瑶山,在南岭山区范畴下,此问题同样适用。就瑶族形成问题而言,大瑶山就是南岭山区的"微缩版",二者可相互印证。

---

① 费孝通:《瑶山调查五十年》,见费孝通:《六上瑶山》,中央民族大学出版社2006年版,第214页。

不管是南岭走廊的理论思考,还是瑶族共同体形成的困惑,金秀都切实地给了费孝通思考中国民族问题的重要参照点。在费孝通等前辈的引领之下,越来越多的瑶族研究及民族研究成果从金秀大瑶山中走出来。

二、20 世纪下半叶成果概述

简单来说,20 世纪下半叶的研究成果大多是以官方主导的形式完成的。其中,由中央人民政府委派的中央访问团(中南分团),在 1951年 7 月至 11 月到大瑶山进行有关少数民族社会历史文化的调查工作,形成了相当丰富的研究成果和资料,如《广西少数民族历史资料提要》《广西大瑶山一般情况》《大瑶山瑶族家庭经济与自然屯经济典型调查》等资料成果。[①] 在之后的 1954 年到 1958 年期间,中央人民政府又先后组织多次大规模的对各地民族的社会调查研究,收集了大量有价值的一手资料。之后通过整理和编写,将所获得的资料以"国家民委民族问题五种丛书"出版,如《瑶族简史》[②]、《瑶族语言简志》[③]、《瑶族社会历史调查(共 8 辑)》[④]等,其中有多本是以金秀瑶族为书写对象的,具有较高史料价值。随后在 1964 年 6 月,复旦大学人类学科研人员在《全国科研十年规划》的指导下,对金秀瑶民的体质进行调查,描述了瑶民体质的特点。吴献西和夏元敏则根据金秀瑶族体质调查的资

---

① 覃乃昌:《20 世纪的瑶学研究》,《广西民族研究》2003 年第 1 期。

② 《瑶族简史》编写组:《瑶族简史》,广西民族出版社 1983 年版。

③ 毛宗武、蒙朝吉、郑宗泽主编:《瑶族语言简志》,民族出版社 1982 年版。

④ 广西壮族自治区编辑组:《广西瑶族社会历史调查(第一册)》,广西民族出版社1984 年版。

料撰写了《瑶族体质形态的初步研究》①一文，对相关结论进行进一步的论述。虽然在20世纪50年代之后有着不少有价值的研究，但是我们需要注意的是，由于在20世纪80年代之前，社会学、人类学、民族学等学科尚处于学科调整时期，所以整体研究成果并不丰富。

　　改革开放之后，社会学、人类学等学科开始重建。在知识体系重建的同时，也逐渐开展更多的实地调查研究，对金秀瑶族的研究也变得更为深入、全面及系统。费孝通就先后多次到大瑶山进行调查，并撰写出《四十三年后重访大瑶山》《六上瑶山》②等成果。1981年，胡起望和范宏贵对大瑶山的一个盘瑶村落进行调查之后合著了《盘村瑶族：从游耕到定居的研究》③一书，是较早的大瑶山民族志研究著作。毛宗武在20世纪80年代对金秀进行民族语言调查，在他调查的682名瑶民中，有592人可以用瑶语进行交流，这意味着当地瑶民有着相当高的本民族语言使用率。④

　　值得一提的是，这段时期出现了一些专论文集，以及辑刊。1986年和1988年举办的两届瑶族研究国际研讨会，所提交论文均以《瑶族研究论文集》⑤的名称相继结集出版。两本论文集收录不少金秀瑶族研究的相关文章，如姚舜安的《大瑶山"石牌律"的考察与研究》等。广西瑶学学会自1993年起陆续出版论文辑刊《瑶学研究》，刊载大量瑶族研究文章，其中涉及金秀瑶族的文章亦不少。比如，第一辑就刊载了

---

　　① 吴献酉、夏元敏：《瑶族体质形态的初步研究》，见中国人类学会：《中国八个少数民族体质调查报告》，云南人民出版社1982年版。

　　② 费孝通：《六上瑶山》，中央民族大学出版社2006年版。

　　③ 胡起望、范宏贵：《盘村瑶族：从游耕到定居的研究》，民族出版社1983年版。

　　④ 中国社会科学院民族研究所、国家民委文化宣传司主编：《中国少数民族语言使用情况》，中国藏学出版社1994年版，第109页。

　　⑤ 参见广西瑶族研究学会：《瑶族研究论文集》，广西人民出版社1987年版；乔健、谢剑、胡起望主编：《瑶族研究论文集》，民族出版社1988年版。

磨长靖、陶桔红的《金秀茶山瑶的民居特点》①和徐杰舜、唐树程的《金秀三个支系瑶族生育观试析》②等关于金秀瑶族的论文。另外，苏德福、刘玉莲编著的《茶山瑶研究文集》也于 1992 年由中央民族学院出版社出版。

与此同时，改革开放后，经济发展成为重要的研究主题，包括金秀在内的南岭地区的经济协作与发展成为学术研究的重要内容之一。比如《广西金融研究》发表的《瑶山农业贷款要立足资源开发》③、《开发大瑶山必须优先发展加工业》④等文。又比如，1987 年出版的《瑶族研究论文集》刊载了刘玉莲的《民族学与现代化结合的一个实例——对建设金秀瑶山的初步设想》⑤、玉时阶的《瑶族传统观念和现代化》⑥等。这些成果从不同角度对金秀大瑶山进行系统的论述，不仅极大丰富了金秀瑶族的研究，同时对推动民族研究和民族地区的发展也起到极为重要的作用。

综观 21 世纪之前的金秀瑶族研究，呈现出几个有意思的特点。20世纪 50 年代前的大瑶山金秀研究属于起步阶段，各种相关研究缺乏理论性和专业性；在 20 世纪 50—80 年代，金秀瑶族研究则存在着某种程度上的断裂，当然这种断裂由各种因素造成，是时代的局限所致；改革

---

① 磨长靖、陶桔红：《金秀茶山瑶的民居特点》，见广西瑶学学会编：《瑶学研究》第一辑，广西民族出版社 1993 年版，第 358—365 页。

② 徐杰舜、唐树程：《金秀三个支系瑶族生育观试析》，见广西瑶学学会编：《瑶学研究》第一辑，广西民族出版社 1993 年版，第 366—376 页。

③ 中国农业银行金秀县支行：《瑶山农业贷款要立足资源开发》，《广西金融研究》1985 年第 1 期。

④ 中国农业银行柳州中心支行调研组：《开发大瑶山必须优先发展加工业》，《广西金融研究》1985 年第 2 期。

⑤ 刘玉莲：《民族学与现代化结合的一个实例——对建设金秀瑶山的初步设想》，见广西瑶族研究学会编：《瑶族研究论文集》，广西人民出版社 1987 年版，第 365—380 页。

⑥ 玉时阶：《瑶族传统观念和现代化》，见广西瑶族研究学会编：《瑶族研究论文集》，广西人民出版社 1987 年版，第 281—292 页。

开放以后，金秀瑶族研究涌现出了更多的研究资料和成果，以更多学科的视角和理论去对金秀瑶族做出更为系统、专业的研究。尽管在这几十年里，每个历史阶段的研究都有其缺陷和不足，但不管怎样，相关的学术积累是推动金秀瑶族研究的重要基础，而金秀瑶族研究也始终在向前迈进。总之，通过前后几代人的不断探索，涌现出了大量有价值的研究资料和成果，为后续研究打下了非常扎实的基础。

三、21 世纪以来的"学术爆炸"

2000 年以后，金秀大瑶山的研究热度再次高涨，各类成果也层出不穷，尤其以广西民族大学、中央民族大学、云南大学、广西师范大学、广西大学等高校为代表的研究团队的成果较为突出。这些研究从不同的学科角度出发，对金秀瑶族进行更为宏观的讨论，并以不同的文本形式发表。

在著作方面，据不完全统计，截至 2018 年，已有近 20 部关于金秀研究的人文社科著作出版。主要包括：李远龙主编的《传统与变迁——大瑶山瑶族历史人类学考察》[1]及其著述《走进大瑶山——广西金秀瑶族文化考察札记》[2]，徐平著的《大瑶山七十年变迁》[3]及其主编的《中国民族地区经济社会调查报告（金秀瑶族自治县卷）》[4]，梁茂春

---

① 李远龙主编：《传统与变迁——大瑶山瑶族历史人类学考察》，广西民族出版社2001年版。

② 李远龙：《走进大瑶山——广西金秀瑶族文化考察札记》，广西人民出版社2006年版。

③ 徐平：《大瑶山七十年变迁》，中央民族大学出版社2006年版。

④ 徐平主编：《中国民族地区经济社会调查报告（金秀瑶族自治县卷）》，中国社会科学出版社2015年版。

著的《跨越族群边界——社会学视野下的大瑶山族群关系》①，谷家荣著的《坳瑶社会变迁——广西金秀大瑶山下古陈村调查》②和《沿着费孝通的路走——信步广西金秀大瑶山》③，吴学东主编的《茶山瑶历史与文化》④，刘保元和莫义明著的《茶山瑶文化》⑤，玉时阶等著的《花篮瑶社会变迁》⑥，覃锐钧、徐杰舜等著的《接触与变迁——广西金秀花篮瑶人类学考察》⑦，莫金山编著的《金秀大瑶山——瑶族文化的中心》⑧和《金秀瑶族村规民约》⑨，郝国强、钟少云和梁必达著的《坳瑶历史与文化》⑩，高其才著的《习惯法的当代传承与弘扬：来自广西金秀的田野考察报告》⑪等。此外，金秀大瑶山瑶族史编纂委员会亦编著了《金秀大瑶山瑶族史》⑫。上述大部分著作关注大瑶山瑶族部分或全部支系的社会历史与文化的各个方面，尤其重视变迁过程的动态描述，如瑶族文化研究（李远龙）、历史文化研究（郝国强、钟少云、梁必达）以及瑶族的社会变迁研究（徐平、谷家荣、玉时阶、覃锐钧）等。由于部分研究学

---

① 梁茂春：《跨越族群边界——社会学视野下的大瑶山族群关系》，社会科学文献出版社 2008 年版。

② 谷家荣：《坳瑶社会变迁——广西金秀大瑶山下古陈村调查》，云南人民出版社 2010 年版。

③ 谷家荣：《沿着费孝通的路走——信步广西金秀大瑶山》，云南人民出版社 2010 年版。

④ 吴学东主编：《茶山瑶历史与文化》，民族出版社 2011 年版。

⑤ 刘保元、莫义明：《茶山瑶文化》，广西人民出版社 2002 年版。

⑥ 玉时阶等：《花篮瑶社会变迁》，民族出版社 2012 年版。

⑦ 覃锐钧、徐杰舜等：《接触与变迁——广西金秀花篮瑶人类学考察》，民族出版社 2011 年版。

⑧ 莫金山编著：《金秀大瑶山——瑶族文化的中心》，广西民族出版社 2006 年版。

⑨ 莫金山编著：《金秀瑶族村规民约》，民族出版社 2012 年版。

⑩ 郝国强、钟少云、梁必达：《坳瑶历史与文化》，民族出版社 2015 年版。

⑪ 高其才：《习惯法的当代传承与弘扬：来自广西金秀的田野考察报告》，中国人民大学出版社 2015 年版。

⑫ 金秀大瑶山瑶族史编纂委员会编著：《金秀大瑶山瑶族史》，广西民族出版社 2002 年版。

者学科背景不一样,不少著作更是专注于某一具体的研究领域,如关于村规民约的研究(莫金山)、习惯法的研究(高其才)、族群关系的研究(梁茂春)等。总体而言,以上著作较之以往有了更为全面的探究和分析,对具体的研究领域也有了更为深入的讨论。

在硕博学位论文方面,据中国知网(CNKI)的数据统计,截至2018年10月,以金秀大瑶山瑶族文化作为博士与硕士学位论文研究的共有66篇。从时间上看,关于金秀瑶族文化的学位论文研究热潮较著作热潮要来得晚一些。但自2007年起,硕博论文的数量就迅速增长,其中,2007年(7篇)、2008年(9篇)、2012年(6篇)、2014年(5篇)及2016年(6篇)尤为突出。从作者的学位授予单位来看,广西民族大学以22篇高居榜首,其次是广西师范大学(11篇)。此外,广西大学(6篇)和中央民族大学(5篇)也有着相当数量的相关学位论文。此外,未被中国知网收录的中央民族大学谷家荣的博士论文也以大瑶山的坳瑶为研究对象。但值得注意的是,从作者授予的学位来看,几乎全是硕士学位论文,论文作者的学科背景也以民族学、人类学和社会学为主;从具体的研究主题来看,这些学位论文主要包括以下几种类型:

一是关于瑶族家庭与社会组织的研究,这一定程度上是受到费孝通与王同惠《花篮瑶社会组织》的影响,有一些更是直接地进行回访研究。如黄金①和杨春霞②对花篮瑶家庭结构的研究以及蒋远鸾③对花篮瑶入赘婚的研究等。

---

① 黄金:《花篮瑶家庭结构与功能的变迁——以金秀六巷屯为例》,硕士学位论文,广西民族大学,2008年。
② 杨春霞:《花篮瑶婚姻家庭的变迁——以广西大瑶山六巷村为例》,硕士学位论文,中央民族大学,2007年。
③ 蒋远鸾:《花篮瑶赘婚初探——以广西大瑶山门头屯为例》,硕士学位论文,广西民族大学,2008年。

二是以石牌制度为核心的村落治理和习惯法等的研究,以及由此拓展开来的村规民约研究。如黄华燕①、韦杨②、李照宇③、韦小雯④、霍正成⑤、钟少云⑥、王志勇⑦、满如华⑧等的相关研究。

三是关于瑶族传统文化的研究,包括神像画⑨、舞蹈⑩、歌谣⑪、狩猎文化⑫、饮食文化⑬、傩面具⑭、刺绣⑮、服饰⑯、丧葬⑰、巫医⑱等相关研究。

---

① 黄华燕:《从石牌制到村民自治——六巷花篮瑶石牌制的嬗变》,硕士学位论文,广西民族大学,2008年。
② 韦杨:《〈大瑶山团结公约〉研究》,硕士学位论文,广西民族大学,2008年。
③ 李照宇:《茶山瑶治盗习惯法研究——以广西金秀瑶族自治县六段屯为例》,硕士学位论文,广西民族大学,2011年。
④ 韦小雯:《从石牌制到乡规:民族地区乡村治理的历史嬗变研究——以金秀瑶族自治县瑶族石牌制个案为例》,硕士学位论文,广西民族大学,2013年。
⑤ 霍正成:《金秀瑶族习惯法的变迁与纠纷解决研究》,硕士学位论文,广西师范大学,2014年。
⑥ 钟少云:《大瑶山无字石牌研究》,硕士学位论文,广西民族大学,2014年。
⑦ 王志勇:《瑶族习惯法在广西瑶族地区社会治理中的地位与作用》,硕士学位论文,广西师范大学,2016年。
⑧ 满如华:《论广西瑶族社会组织的变迁对习惯法的影响》,硕士学位论文,广西师范大学,2016年。
⑨ 黄建福:《盘瑶神像画研究——以广西金秀县道江村古堡屯盘瑶神像画为例》,硕士学位论文,广西民族大学,2008年。
⑩ 何娟娟:《广西金秀坳瑶黄泥鼓舞的田野调查与研究》,硕士学位论文,广西师范大学,2016年。
⑪ 刘娟娟:《金秀坳瑶民歌研究》,硕士学位论文,广西师范大学,2015年。
⑫ 兰宇:《瑶族狩猎文化研究——以金秀大瑶山瑶族为例》,硕士学位论文,广西民族大学,2014年。
⑬ 黄禾雨:《广西大瑶山瑶族饮食文化历史形态与变迁研究》,硕士学位论文,浙江工商大学,2010年。
⑭ 徐文亮:《坳瑶傩面具文化传承研究——以广西金秀瑶族自治县下古陈为例》,硕士学位论文,广西民族大学,2012年。
⑮ 杜宗景:《花篮瑶服饰刺绣文化的嬗变——以金秀六巷乡门头屯为例》,硕士学位论文,广西民族大学,2008年。
⑯ 陈晔:《广西金秀瑶族服饰造型研究》,硕士学位论文,北京服装学院,2018年。
⑰ 段广伟:《花篮瑶丧葬文化变迁研究——以广西金秀六巷乡门头屯为例》,硕士学位论文,广西民族大学,2008年。
⑱ 黄晴:《盘瑶巫医的文化变迁——以广西金秀县盘瑶巫医为例》,硕士学位论文,中央民族大学,2015年。

　　四是以瑶族传统文化为载体的旅游开发研究。如金秀旅游形象的研究①、村落保护与开发②、瑶医药开发③、刺绣与服饰④等相关研究。

　　五是关于民族地区的社会发展和治理研究。如社会治理结构的变迁⑤、政府的经济职能⑥、村落的精准扶贫⑦、旅游社区旧城的改造⑧等研究。

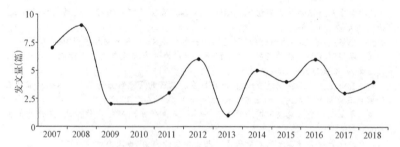

图1-1　2007—2018年有关金秀大瑶山瑶族研究硕博论文数量统计图

　　① 尚铭超:《金秀大瑶山旅游形象研究》,硕士学位论文,广西师范学院,2015年。

　　② 聂珍臻:《广西金秀县平道村瑶族传统村落景观保护与发展研究》,硕士学位论文,广西大学,2018年。

　　③ 陈克强:《广西中医药养生旅游的发展策略研究——以金秀瑶族自治县为例》,硕士学位论文,广西大学,2016年;潘小慧:《瑶医药文化旅游研究》,硕士学位论文,广西师范大学,2018年。

　　④ 尹录英:《基于广西金秀瑶族服饰文化的服饰品创新设计研究》,硕士学位论文,西安工程大学,2015年。

　　⑤ 潘悴晗:《从村寨自治到村民自治——盘村社会治理结构变迁研究》,硕士学位论文,广西民族大学,2007年。

　　⑥ 官海琼:《欠发达地区县域经济发展中县级政府经济职能研究——以广西金秀县为例》,硕士学位论文,广西大学,2014年。

　　⑦ 韦贵方:《少数民族贫困村落旅游扶贫精准化研究——以金秀瑶族自治县平道村为例》,硕士学位论文,广西师范大学,2017年。

　　⑧ 唐梧茵:《旅游城镇旧城改造中的居住文化保护评价研究——以金秀瑶族自治县为例》,硕士学位论文,广西大学,2016年。

在期刊论文方面,与硕博学位论文类似,关于金秀大瑶山瑶族研究的数量也自 2006 年后开始不断增加。其中,无论是论文的数量还是质量都有了进一步提高,学者们从不同学科视角对不同领域进行调查研究。因此研究的主题亦较为广泛,但是从成果分析来看,以下几个方面的研究较为突出:

一是石牌制及习惯法的研究。这方面的学者主要围绕着瑶族的石牌制,展开对习惯法的相关讨论。如李远龙和李照宇①、高其才②、黄小筝③、罗昶④等的研究。

二是仪式、习俗等民族文化的研究。主要探讨了瑶族的传统习俗与仪式的现状和变迁及其功能的变化。如"点火把"婚俗⑤、"跳盘王"习俗⑥、葬俗⑦、"做社"⑧等研究。

三是费孝通大瑶山调查意义的研究。主要回顾费孝通大瑶山研究的意义,以不同的视角去分析费孝通大瑶山研究的历史价值。如徐

① 李远龙、李照宇:《广西金秀瑶族石牌习惯法之违法规制探析——广西世居少数民族习惯法研究之二》,《广西民族研究》2010 年第 4 期。
② 高其才:《人民调解员如何对待瑶族习惯法——广西金秀一起误砍林木赔偿纠纷调解过程实录》,《云南大学学报(法学版)》2010 年第 5 期;高其才:《习惯法的当代传承与弘扬——来自广西金秀的田野考察报告》,《法商研究》2017 年第 5 期。
③ 黄小筝:《民族习惯法的新特点:以金秀瑶族新石牌为例》,《广西民族大学学报(哲学社会科学版)》2008 年第 6 期。
④ 罗昶:《村规民约的实施与固有习惯法——以广西壮族自治区金秀县六巷乡为考察对象》,《现代法学》2008 年第 6 期。
⑤ 莫金山、陈建强:《金秀大瑶山瑶族"点火把"婚俗》,《社会科学战线》2006 年第 3 期。
⑥ 谷家荣:《祭典与狂欢——广西金秀大瑶山瑶族师公跳盘王调查》,《内蒙古大学艺术学院学报》2010 年第 3 期。
⑦ 谷家荣:《从此岸到彼岸:瑶族传统灵魂观念阅识——广西金秀大瑶山古陈村坳瑶"二次捡骨"葬俗调查》,《西北民族大学学报(哲学社会科学版)》2010 年第 4 期。
⑧ 高其才:《现代化进程中的瑶族"做社"活动——以广西金秀郎庞为例》,《民族研究》2007 年第 2 期。

平①、包路芳②、赵旭东和罗士泂③、谷家荣④等的研究。

四是瑶族各支系以及瑶汉之间关系的研究。主要探讨的是不同瑶族支系的关系及其变迁,以及瑶汉之间权力关系的变化。如梁茂春⑤、谷家荣⑥等的研究。

此外,在学位论文中尤其受到关注的亲属制度研究,期刊论文很少关注。罗红光⑦对花篮瑶亲属制度的研究算是特例。

可见,2000 年之后,国内金秀大瑶山瑶族研究已引起了不少学者的重视和关注,也取得了非常丰硕的成果。尤其是在 2006 年之后,金秀瑶族更是民族学、人类学乃至实证类法学研究等领域重点关注的地区之一,以致呈现出从著作到学位论文再到一般论文的全方位成果覆盖格局。综观这些研究成果,它们的特点可概括如下:第一,以民族志实证研究为主要方法。第二,以传统文化及其现代变迁为核心关注点。

总体而言,综观金秀研究这近百年的历史脉络,我们不难看出金秀瑶族在瑶族研究中独一无二的地位,甚至在整个国内的民族研究历史中也占有一席之地。金秀大瑶山在国内民族学、人类学和社会学的研

---

① 徐平:《大瑶山调查与费孝通民族研究思想初探——纪念费孝通、王同惠大瑶山调查七十周年》,《民族研究》2006 年第 2 期。

② 包路芳:《费孝通与大瑶山情缘续记》,《群言》2016 年第 8 期。

③ 赵旭东、罗士泂:《大瑶山与费孝通人类学思想的展开》,《西北师大学报(社会科学版)》2016 年第 3 期。

④ 谷家荣:《哲思、继承与践理——费孝通的瑶山心愿和后生晚辈的信步追访》,《学术界》2010 年第 10 期。

⑤ 梁茂春:《金秀大瑶山瑶族族际交往态度的调查》,《广西民族研究》2004 年第 3 期;梁茂春:《从"鸡不拢鸭"到族际通婚——大瑶山瑶族内婚习俗嬗变的原因分析》,《广西民族研究》2007 年第 3 期。

⑥ 谷家荣:《金秀大瑶山瑶汉民族关系史论》,《学术探索》2010 年第 1 期。

⑦ 罗红光:《结构生成:广西大瑶山花篮瑶亲属制度演变的实践理性》,《民族研究》2014 年第 3 期。

究中,算是起步较早的实地田野研究地点之一。从 20 世纪 30 年代开始直到今天,金秀瑶族的研究涌现出了相当规模的成果,有着非常丰厚的学术积累,并且有着相当高的学术价值。对金秀瑶族研究的历史脉络进行回顾与总结,我们不仅可以更加客观地看待金秀瑶族研究在整个民族学研究中的位置,也为我们后续的研究分析奠定一个扎实的基础。

在社会的巨大转型当中,金秀瑶族也在经济、社会、文化等各方面发生了很大的变迁。学者在"传统及其变迁""传统与现代"等视野下,产出了大量学术成果。不过,现有成果对信息科技在金秀瑶山和瑶族社会中所扮演的越来越重要的角色的关注略显不足。

进入 21 世纪后,信息科技成为主导,尤其是以智能手机为代表的信息科技更以迅雷不及掩耳之势横扫中华大地。在金秀,智能手机逐渐成为瑶民的标配。瑶民使用手机联络亲朋好友乃至陌生人,用手机传唱瑶歌,用手机宣传瑶山,用手机售卖瑶族特产,用手机购买商品。可以说,手机正在重塑金秀瑶山,重塑金秀瑶族。

第二节　传媒与社会研究综述

从 20 世纪 60 年代开始,传播技术与社会发展之间的关系开始成为西方学者关注的重要议题,相关研究主要受到技术决定论、现代化理论、世界体系理论以及后现代等一系列西方社会思潮的影响,形成了以媒介技术决定论、发展传播学和对大众传媒的反思批判等为主的研究思路。

媒介一直被认为是传递信息的渠道,在媒介技术决定论者之前的传媒研究将关注点放在媒介信息,而非不同媒介所产生的不同信息流动模式。哈罗德·伊尼斯改变了这种研究思路,他认为每种传播媒介都具有偏向性,某种文化主流媒介的偏向,影响着这种文化的稳定程度、保守性以及这种文化所覆盖地域面积的能力。伊尼斯把传播媒介的控制看成是实施社会和政治控制的手段,认为"一种新媒介的长处,将导致一种新文明的产生"①。他的学生马歇尔·麦克卢汉用"感官平衡"概念补充了伊尼斯的理论。麦克卢汉认为媒介是人的感知器官的延伸,使用不同的技术会影响人类感知的结构,比如他将西方社会的理性和文明行为的许多特征都归因于印刷媒介的影响。②

约书亚·梅洛维茨将伊尼斯和麦克卢汉的媒介理论与戈夫曼的社会学场景理论结合起来,根据这两个理论中的相似理念"接触的模式"提出"对人们交往的性质起决定作用的并不是物质场地本身,而是信息流动的模式"。他在批判继承前辈研究成果的基础上,重点聚焦于从印刷媒介到电子媒介场景的转换,尤其是电视作为一种信息共享场地即一种新的场景的出现,这种场景趋向于将以前印刷媒介下被分隔开的场景进行融合,使得人们的行为和社会也发生相应的改变。③

总之,在媒介决定论者看来,日常生活的各种技术和媒介,不论其实际内容如何,它们重塑了时空结构,加强了文化间的传播,改变了人类感知和体验世界的方式与结构,从而导致文化变迁。从哈罗德·伊

---

① 哈罗德·伊尼斯:《传播的偏向》,何道宽译,中国人民大学出版社2003年版,第28页。

② 马歇尔·麦克卢汉:《理解媒介:论人的延伸》,何道宽译,商务印书馆2000年版。

③ 约书亚·梅洛维茨:《消失的地域:电子媒介对社会行为的影响》,肖志军译,清华大学出版社2002年版。

尼斯,经由马歇尔·麦克卢汉,再发展到沃特尔·翁和约书亚·梅洛维茨,这些学者都坚持认为技术对人类的感受能力以及社会结构具有改变作用。后来的研究者也将他们归入"媒介生态学"的范畴,他们的理论内核就是"将媒介作为环境",认为传播媒介在将数据或信息从一个地方传递到另一个地方时并不是中性、透明或无价值的渠道,它那套专门的物理和符号特征为其带来了一套偏倚或倾向,最终使传播技术在很大程度上推进了世界上各种不同的因果关系。① 尽管这一理论产生较早,但却一直保持其旺盛的学术生命力,尤其在此后诸如手机等新媒体不断出现的背景下,很多研究仍以此为理论依据和分析视角。保罗·莱文森在其著作《手机:挡不住的呼唤》中认为,从长远来看,互联网可以作为手机的副手。尽管他的描述比较感性,却形象地描述了移动、方便、快捷的信息传播媒介——手机媒体传播的无限魅力。美国著名网络社会学家卡斯特尔提出了"讯息即媒介"这一概念,也刻画了人们对技术的强大建构力,特别是与市场逻辑建构手机技术的同时,人们也在不断创造手机的使用功能,并共同营造着手机媒体的使用氛围与外显特色。②

除了技术决定论外,受西方现代性和发展理论思潮影响的发展传播学也深入探讨了大众传媒如何在国家与社会发展中发挥作用并因学术传统的不同而形成两个主要的理论流派:一个是主要面对近代以来西方发达国家现代化过程的现代化理论,另一个则是主要面对20世纪60年代以来发展中国家(特别是拉丁美洲和非洲以及后来的东亚部分国家和地区)社会发展的理论。

① 尤游:《社会转型期大众传媒在农村社区的角色分析——关于湘中三甲村的个案阐释》,博士学位论文,上海大学,2006年。

② 陈晨:《传播社会学视角下手机媒体的媒介文化研究——以鄂西民族地区的实地调研为个案》,硕士学位论文,中南民族大学,2012年。

现代化理论主要来自丹尼尔·勒纳(Daniel Lerner)、韦尔伯·施拉姆(Wilbur Schramm)和埃弗里特·罗吉斯(Everett Rogers)三位传播学家。美国麻省理工学院社会学家丹尼尔·勒纳将大众传播媒介比喻为社会发展过程中的"奇妙的放大器",认为它能大大加快社会发展速度,提高现代化程度。勒纳根据20世纪50年代初美国哥伦比亚大学应用社会学研究所对土耳其、黎巴嫩、约旦、埃及、叙利亚和伊朗等六国所做的一次大规模社会调查的结果,完成了《传统社会的消逝——中东的现代化》一书。他提出:世界上的大多数社会都经历着从口头传播系统向大众传媒系统演进的过程,这一过程与社会的其他变化(主要为城市化、读写能力和政治民主)相互关联。他将传播系统的变动,视作整个社会系统变动的结果,也是其变动的原因;并立足于传播角度,划分出三种社会类型,即以口头传播系统为主的传统型社会、传播与口头传媒系统并立的过渡型社会、以大众传媒为主要传播系统的现代型社会。在他看来,"社会发展的动力图式是这样的:具有流动性人格,易于接受变革的人物组成变动的核心,然后由不断发展的大众传播媒介传播社会流动性和变革的观念、态度,再通过城市化、文化普及、工业化和大众传播媒介参与诸要素之间的相互作用,使第三世界走向现代化"①。

这一时期,传播学之父韦尔伯·施拉姆在1962年联合国教科文组织的委托调查中关注大众媒介与社会发展之间的关系。在这次调查中,他全面考察了大众传播在国家发展中所扮演的角色并列出一系列影响力清单,在论述大众传播在社会发展中的作用时指出:"大众传播媒介是社会变革的代言者。它们所能帮助完成的是这一类行业变革,

①　转引自张国良:《20世纪传播学经典文本》,复旦大学出版社2005年版,第314页。

即向新的风俗行为,有时是向新的社会关系的过渡。在这类行为变革的背后,必定存在着观念、信仰、技术及社会规范的实质性变化。"①

传播学家埃弗里特·罗吉斯同样将传播看作是社会变革的基本要素,他认为社会的变化分为内生型和接触型两种,前者变革的动力来自社会内部,主要适用于发达国家;接触型变革的动力来自接触外界的信息,发展中国家的社会变革多数属于接触型,即由于接触西方的新技术和新观念而促使传统社会向现代社会转型。因此,他把接触型改革看作是创新和发明的传播扩散过程。在这个过程中,大众传播是催化剂,充分使用可以促进同情心的增强、创新性的扩增、政治知识的提高、成就动机的增加以及期望水平的提高等等,进而增进国家整体的现代化水平。在他的研究中,农村是关注的重点,农村现代化的道路遵循这种发展模式,"农民现代化"的关键是他们从不同渠道接受新思想:到城里旅游,接触变迁中介——人以及晶体管收音机一类的大众传播工具。②

除此之外,美国社会学博士柯克·约翰逊(Kirk Johnson)的《电视与乡村社会变迁——对印度两村庄的民族志调查》也讨论了电视的独特角色,分析了消费主义、城市建模、人际关系的重构、语言霸权等各种各样的社会过程,通过质化访谈和参与式观察,深入分析电视在村民生活以及上述社会化过程中发挥了什么作用,并认为正是这种角色使电视成为文化变迁的主要动因。③ 更为重要的是,他从研究方法的角度创建了进行此类研究的民族志方法框架和原理。

---

① 韦尔伯·施拉姆:《大众传播媒介与社会发展》,金燕宁等译,华夏出版社1990年版,第121页。

② 埃弗里特·M. 罗吉斯、拉伯尔·J. 伯德格:《乡村社会变迁》,王晓毅译,浙江人民出版社1988年版,第309—310页。

③ 柯克·约翰逊:《电视与乡村社会变迁——对印度两村庄的民族志调查》,展明辉、张金玺译,中国人民大学出版社2005年版,第17页。

可见,在现代化理论框架之下的大众媒介几乎是一个决定性的角色。然而,随着社会经济和大众传播的发展,发展中国家与发达国家不但没有缩小距离,差距反而日益扩大,现代化理论发展模式的结果令人大失所望,早期所谓"枪弹论""靶子论"等传播效果的强效果论在事实面前受到质疑和批判。

与此同时,当传统的现代化理论遭受学术界的尖锐批评和实践的无情检验而陷入困境时,立足于研究发展中国家的发展理论则获得了越来越大的发展张力,这一阶段学者开始关注社会的整体形态与结构、传播体系与政治经济制度的关系、国际政治经济秩序与传播秩序的关系,形成了"媒介帝国主义"理论。这一理论的先驱美国学者赫伯特·席勒将大众媒介放入世界体系理论的脉络中,他认为发展中国家的传媒软硬件或其他主要传播方式,不论在控制权或所有权上都被西方发达国家主宰,由此导致西方发达国家对本土社会的文化、规范及价值观产生颠覆性影响。由此,发展中国家一方面提出了独立自主、自力更生的媒介发展路径;另一方面提出建立"国际传播和信息新秩序"的主张。①

同时埃弗里特·罗吉斯等人也开始反思早期的研究结论,依据他在拉丁美洲、柬埔寨等发展中地区和国家的研究,写下了《传播与发展:批判的观点》一书,在书中他不仅反思了"发展"的概念并对其进行了重新阐释,同时也对传播对发展的影响进行了再讨论,曾经在经典范式中被假定为变迁的主要原动力的大众传播,而今更多被视作地方变迁的催化剂。正如他在《传播与发展:主导范式的消逝》②中所说,未来

---

① 赫伯特·席勒:《大众传播与美利坚帝国》,刘晓红译,上海译文出版社2006年版。
② Everett M. Rogers, "Communication and Development: The Passing of the Dominant Paradigm," *Communication Research*, Vol. 3, No. 2, 1976.

的发展得益于大众传播的辅助作用,但方向是"自我发展"。因而现代化模式并不一定以欧美为唯一参照,发展的路径可以是多元的,新的发展观应涵盖如分配的公平性、大众参与、依赖自身以及保留传统中的一些因素等。①

而另外的一些研究则在对大众传媒的研究中注入更强的反思精神和批判意识,包括法兰克福学派、英国文化研究学派、布尔迪厄,以及后现代理论等对此都有精辟见解。

在结构主义符号-权力学派看来,大众媒介制造了平均化、均质化、欺骗性、消费性的文化,执行着使人心神涣散、语言暴动、身体狂欢与本能欲望的解放等新型功能,其中法兰克福学派对媒介功能的否定主要集中在对科学技术的批判,他们将媒介传播的大众文化叫作"社会水泥""文化工业",传媒所具有的工具理性已不再是文化与文明的推动力量,相反成为阻碍文化与文明的强大力量。正如马尔库塞所指出的:媒介技术不但受到社会的全面控制,而且技术本身就是预先按照统治者的意志和需要设计出来的,设计本身就包含了统治的先验性和控制的欲望。② 但也要看到,逻辑推理、哲学思辨、历史求证、法规判断等人文思维是法兰克福学派运用的主要研究方法,他们很少深入到媒介与社会现实的内部,对媒介的内部规律认识也不够深入。

法兰克福学派在理论上的主观缺陷,在英国文化研究学派也称为伯明翰学派那里得到了一定的纠正。这个学派的主要成员有雷蒙·威廉斯(Raymond Williams)、斯图亚特·霍尔(Stuart Hall)、托尼·本尼

---

① 戴利朝:《罗杰斯与发展传播学的范式转换》,《江西师范大学学报(哲学社会科学版)》2019年第5期。

② 赫伯特·马尔库塞:《单向度的人——发达工业社会意识形态研究》,刘继译,上海译文出版社2006年版。

特(Tony Bennett)、约翰·费思克(John Fiske)等。① 斯图亚特·霍尔作为文化研究学派代表,其研究在很大程度上体现了文化研究的结构主义符号学转向。阿尔都塞的意识形态统治机器和葛兰西的霸权理论都成为其研究的理论基石,他把传播过程纳入到马克思的商品生产过程中,将生产、流通、分配消费与再生产等阶段视为传播的过程。其中他尤为重视生产阶段,并将其分为编码与解码两个部分,并根据帕尔金的理论将受众的解码过程区分为三种:"主导—霸权的立场",即受众完全接受编码者给定的意义;"协商的代码或立场",即受众基本上同意编码者的立场,但又不完全同意;"对抗代码",受众根据自己的经验和背景以完全相反的立场来解读文本。② 霍尔认为象征机制中包含着潜在的内涵与意义编码,对这一过程进行解码就可以将隐藏的东西暴露出来,即刺破文本的表面结构,潜入到更深层的神话结构中去。同时,霍尔的研究第一次将受众纳入研究的轨道,受众主动解码的能力使得他们完全具有反抗媒介讯息的能力,促使更多的人将传媒组织视为意识形态机构,即编码者。③

霍尔编码/解码理论的提出为文化研究提供了基本的范式,他的学生戴维·莫利(David Morley)则对这个理论进行了实践运用。在《电视、受众与文化研究》一书中,戴维·莫利通过对电视受众进行分析,揭示了电视在时间、空间和群体上对社会进行组织所起的作用。他指出,只有通过分析家庭结构和闲暇活动这一总体情境,才能理解电视收

　　① 戴元光、尤游:《媒介角色研究的社会学分析》,《上海大学学报(社会科学版)》2007年第6期。

　　② 斯图亚特·霍尔:《编码,解码》,见罗钢、刘象愚编:《文化研究读本》,中国社会科学出版社2000年版。

　　③ 赵瑾:《斯图亚特·霍尔"编码与解码"理论的研究》,硕士学位论文,广西师范大学,2014年。

看行为及其文化影响。①

费思克的研究领域主要集中在媒体文化和大众日常消费②,他将大众传媒纳入整个资本主义经济体系,提出了著名的"两种经济"理论,即金融理论与文化理论,揭示了媒介的本质属性。他通过对电视的两种经济流程理论加以分析,把多义性和多元化看成是电视文本的必然要求。他认为一个电视节目能否取得成功往往与它的文本能否满足不同受众的需求、能否为观众提供不同的解读空间有关。大众可以在"适应"或"利用强加于人的体制的方式"中,发现日常生活的文化。因此,消费社会的大众可以说是身兼两职,他们既是消费者也是生产者。在文化经济中,大众不再是被卖给广告商的被动"商品"或"商品化的受众",而是积极、主动的意义和快感的生产者。③

后现代主义学派则认为现代大众传媒把前所未有的音像流带进人们的家庭和生活中,打破了客观现实与媒介真实之间的区别,形成了新的经验模式和主体性,政治、伦理、文化和个体身份被重新建构,从根本上瓦解了现代社会的文化。④ 正如让·鲍德里亚所说:一方面大众传媒、时尚、技术等本身都是当代资本主义消费社会中的商品化形式和消费形式;另一方面,大众传媒又为资本主义社会创造了"拟像世界"。"在这里,我们进入了博尔斯坦在其作品《形象》中谈及的伪事件、伪历史、伪真实的世界。即不是产自一种变化的、矛盾的、真实经历的事件、

---

① 戴维·莫利:《电视、受众与文化研究》,史安斌主译,新华出版社2005年版,第308页。

② 约翰·费斯克:《理解大众文化》,王晓珏、宋伟杰译,中央编译出版社2001年版。

③ 丁莹:《约翰·费斯克媒介文化研究述评》,硕士学位论文,华中师范大学,2009年。

④ 谭华:《大众传播与少数民族社区的文化建构——对现代媒介影响下的村落变迁的反思》,《湖北民族学院学报(哲学社会科学版)》2007年第1期。

历史、文化、思想,而是产自编码规则要素及媒介技术操作的赝品。"①

　　布尔迪厄对媒介的批判主要集中在《关于电视》一书中,与霍尔对电视内容编码/解码的思考逻辑不同,他运用反思人类学的方法,将电视作为一种象征性的文化再生产活动加以研究。他首先揭示了电视制作的奥秘,其次具体阐释了传媒的社会功能异化的过程,从而指出电视在资本主义社会中的两大基本功能:反民主的象征暴力和商业逻辑制约的他律性。②

　　综上所述,我们可以看到,西方学术界采用不同视角、方法来厘清大众传媒与社会文化之间的关系,不同时期的社会理论思潮也都对这一研究提供了不同层面的理论观照。自20世纪90年代以来,一方面,传播媒介基于网络技术层面上发生的巨大变革,使得大众传媒呈现出前所未有的威力,媒介的角色与作用在日益变化的国际、国内社会环境下开始变得错综复杂、扑朔迷离。同时,后现代对西方社会理论体系的解构使得不同学科的学者们都面临过去宏大理论叙事研究的转向,对大众传媒的研究从研究对象、关注点到研究方法都朝着更多元化的方向发展,并更深入真实世界和真实生活中寻求理论解释。其最为突出的表现为以下两个方面:

　　首先,以互联网为基础的新媒体的出现,扩展了学术界对社会交往方式的研究。与以往广播、电视等媒介强调信息传递和接收不同,互联网的功能更强调社会交往和互动。尽管在互联网诞生之初的几十年里,其并不以社会交往为发展目标,它一直是服务于军事目的、学术网络建构以及商业领域的,尤其是在美国和欧洲。但随着互联网技术的

---

　　①　让·鲍德里亚:《消费社会》,刘成富、全志钢译,南京大学出版社2001年版,第135页。
　　②　布尔迪厄:《关于电视》,许钧译,辽宁教育出版社2000年版,译序6。

日新月异,它已经成为人类社会最重要的交往媒介,同时,与以往电报、电话以及以手机作为代表的电子媒介交往相比,互联网代表着人类的交往进入新的阶段:蕴含于其中的交往符号开始变得越发虚拟,这意味着人际交往开始采用一种脱离实际的人和地点的虚拟形式,并且这种形式以光速在人群中传播。数字化交往过程成为今天人类交往发展的核心部分,它使人们在信息交往中获得了一种全新的体验。连接性、匿名性和去中心性,这些互联网的鲜明特征开始日益嵌入到人们的交往生活中,深刻地影响着人们的社交方式和信息交流。[①] 互联网对人类交往带来的深刻变革,为社会交往这一学术界传统经典论题注入了新的研究活力。

在互联网研究的初期,学者关注于互联网使用中的科技驯化(domestication of technology)[②]。从 2000 年开始,巴里·布朗(Barry Brown)、妮古拉·格林(Nicola Green)与理查德·哈珀(Richard Harper)[③],詹姆斯·卡茨(James E. Katz)与马克·阿胡斯(Mark Aakhus)[④],福图纳蒂(L. Fortunati)[⑤],里奇·林(Rich Ling)[⑥],米子线(Mizuko Ito),冈部大辅(Daisuke Okabe)与松田美纱(Misa Matsuda)[⑦]

---

① 姬广绪、周大鸣:《从"社会"到"群":互联网时代人际交往方式变迁研究》,《思想战线》2017 年第 2 期。

② Haddon Leslie, *Information and Communication Technologies in Everyday Life: A Concise Introduction and Research Guide*, Oxford: Berg, 2004.

③ Barry Brown, Nicola Green, and Richard Harper, *Wireless World: Social and Interactional Aspects of the Mobile Age*, London: Springer, 2002.

④ James E. Katz and Mark Aakhus, *Perpetual Contact: Mobile Communication, Private Talk, Public Performance*, Cambridge: Cambridge University Press, 2002.

⑤ L. Fortunati, "The Mobile Phone and Democracy: An Ambivalent Relationship", in Kristof Nyiri (ed.), *Mobile Democracy: Essays on Society, Self and Politics*, Vienna: Passagen Verlag, pp. 239−258.

⑥ Rich Ling, *The Mobile Connection*, San Francisco: Morgan Kaufman, 2004.

⑦ Mizuko Ito, Daisuke Okabe, and Misa Matsuda (eds.), *Personal, Portable, Pedestrain: Mobile Phones in Japanese Life*, Cambridge, MA: MIT Press, 2006.

等人的一系列关于手机使用的研究,集中展示了互联网人类学中技术驯化的理论图示,归纳出手机作为移动通信技术,如何在使用中连接了使用者的社会关系。通过研究手机,认为其能够有效地支撑社交网络的维系,并从中狄得更好的私密性,在一定程度上凸显了涂尔干所强调的"有机团结",显示出线上社交在社区团结的恢复和建构中的力量,将互联网看作是促进社会更加广泛合作及社会交往的重要工具。这一时期的研究,将网络的线上空间和真实的物理空间区别开,更为强调虚拟与现实的空间差异,同时希望网络空间能够整合人际交往,通过其工具性手段弥补现实人际交往的不足和克服物理空间的局限。而进入Web 2.0时代,交互数字平台和社区开始在网上涌现,社区成员和用户可以主导生成内容和意义,社区的开放性更高,线上和线下的互动也变得越来越频繁。这个时期,虚拟和现实很难再被视作彼此独立的空间,正如科尔曼(Coleman)在《通往数码世界的民族志方法》一文中所说:大部分的研究不再将现实生活与网络生活区别对待,明显的区分不复存在……虚拟和现实的边界开始变得越来越模糊,而融合的趋势变得越来越强。① 这一时期的互联网研究从技术驯化转向深入社会交往和关系构建。一方面,一些学者指出互联网虽然增加了媒介交往的机会,但是并不会显著地增加新的社会连接。换句话说,人们的线上沟通还是基于现有的社交关系。② 线上的交往对象就是现实中拥有较为亲密关系的强连接关系。另一方面,有学者提出互联网社交带来的是"网络个人主义"(networked individualism),认为网络改变了人们彼此交流的方式,新的网络系统将人们从原有的紧密群体的限制中解放出来,人

---

① E. Gabriella Coleman, "Ethnographic Approaches to Digital Media", *Annual Review of Anthropology*, Vol. 39, 2010, pp. 487 - 505.

② H. Kim, G. J. Kim, H. W. Park, and R. E. Rice, "Configurations of Relationships in Different Media", *Journal of Computer-Mediated Communication*, Vol. 12, No. 4, 2007.

的角色更多是作为连接的个人而不是作为嵌入群体中的成员,网络社交不仅是人们交往的手段,原有的社会关系也将发生转变;[1]并且,随着线上交往日益频繁,个人作为"网络人"具有多重身份,将使得传统的本地团体开始碎片化,无论是社会还是社区,无论是家庭还是社会组织,最终重构了人际交往的格局。[2]

其次,互联网及其衍生的社会文化现象在给学术界提供新的研究课题的同时,也使传统的研究方法面临新的挑战。为应对虚拟环境带来的研究方法的挑战,一些学者利用互联网作为新的研究田野和工具的可能,提出修正或改进传统研究方法以适应新的研究技术和环境的变化。

早在 2000 年前后,琼斯·史蒂夫(Jones Steve)[3]在 *Doing Internet Research* 一书中开创性地探索了与网络研究有关的理论和实践问题。曼·克里斯(Mann Chris)和菲奥纳·斯图尔特(Fiona Stewart)的 *Internet Communication and Qualitative Research*[4]不仅将互联网作为研究田野,同时也将其作为定性研究的数据收集工具。第一本对互联网进行全面的民族志研究的著作是 2000 年出版的人类学家丹尼尔·米勒(Daniel Miller)和社会学家唐·斯莱特(Don Slater)合著的 *The Internet : An Ethnographic Approach*[5]。在此书中,作者展示了利用互联

---

① Harrison Rainie, Lee Rainie, and Barry Wellman, *Networked*, *The New Social Operating System*, Cambridge, MA: The MIT Press, 2012.

② 姬广绪、周大鸣:《从"社会"到"群":互联网时代人际交往方式变迁研究》,《思想战线》2017 年第 2 期。

③ Jones Steve, *Doing Internet Research : Critical Issues and Methods for Examining the Net*, Thousand Oaks, CA: Sage, 1999.

④ Mann Chris and Fiona Stewart, *Internet Communication and Qualitative Research : A Handbook for Researching Online*, London: Sage, 2000.

⑤ Daniel Miller and Don Slater, *The Internet : An Ethnographic Approach*, New York: Berg Editorial Office, 2000.

网进行民族志研究的整体图景。同年,海因·克里斯蒂(Hine Christine)出版了 *Virtual Ethnography*① 一书,系统地阐述了利用互联网进行民族志研究的可能及方法论原则。自此,虚拟民族志作为致力于独特地理解互联网的重要性及其意涵的方法正式被采纳和推广,相关的方法论研究与日俱增。② 除虚拟民族志这一术语以外,有学者使用网络民族志③(internet ethnography)或在线民族志④(online ethnography)的说法,还有使用赛博民族志⑤(cyber ethnography)或网络志⑥(netnography)的。尽管存在差异,但它们在研究的旨趣和方法上是共通的。

按照海因·克里斯蒂的界定,虚拟民族志是在虚拟环境中进行的、针对网络及利用网络开展的民族志研究。库兹奈特在《如何研究网络人群和社区:网络民族志方法实践指导》一书中从方法论层面做出更具体的说明:网络民族志是基于线上田野工作参与观察的专门的民族志方法。⑦ 除了做出理论界定,作为一种新的方法论和研究过程,虚拟民族志也提供了许多新的讨论点,例如,与传统田野调查不同,网络环境提供了完全潜伏(lurking)的研究机会。也就是说,在虚拟田野中,研

---

① Hine Christine, *Virtual Ethnography*, London/Thousand Oaks/New Delhi: Sage, 2000.

② 卜玉梅:《虚拟民族志:田野、方法与伦理》,《社会学研究》2012 年第 6 期。

③ Sade-Beck L., "Internet Ethnography: Online and Offline," *International Journal of Qualitative Methods*, Vol. 3, No. 2, June 2004.

④ Annette N. Markham, "*Reconsidering Self and Other: The Methods, Politics, and Ethics of Representation in Online Ethnography*," in N. Denzin and Y. Lincoln(eds.), The Sage Handbook of Qualitative Research (3rd ed.), Thousand Oaks, California: Sage, 2005.

⑤ Katie J. Ward, "Cyber-ethnography and the Emergence of the Virtually New Community", *Journal of Information Technology*, Vol. 14, No. 1, 1999.

⑥ R. V. Kozinets, "The Field behind the Screen: Using Netnography for Marketing Research in Online Communities," *Journal of Marketing Research*, Vol. 39, No. 1, 2002.

⑦ 罗伯特·V. 库兹奈特:《如何研究网络人群和社区:网络民族志方法实践指导》,叶韦明译,重庆大学出版社 2016 年版。

究者的在场通常是身体上不可见的,而只是匿名的"头像",这些调查对于一般网络用户来说是不可察觉的。对于这种潜伏的田野工作方式是否可取和值得利用,学者们各持己见。一些研究者提倡在研究网络现象时首先潜伏,在观察进行到一定程度后再选择适当的时机坦诚自己研究者的身份,如肖汉姆·阿维夫(Shoham Aviv)在对以色列人的一个聊天室的研究中,他首先潜伏参与观察,然后以一个新来者的身份向社区中的人介绍自己。① 而一些学者在研究过程的始终或很长时段都没有暴露自己研究者的身份,如沙普·弗兰克(Schaap Frank)在一个角色扮演游戏(role-playing-game,简称 RPG)的虚拟社区中潜伏超过两年时间,他的大多数资料都是通过潜伏来收集的。② 这种研究方式确实具有一定的优势,潜伏不至于扰乱自然发生的行为,降低了因为研究者的在场而扭曲资料和行为的危险。③ 但也有学者指出,潜伏是一个单向的过程,而民族志的优势之一就在于强调与被研究者的对话,即研究是合作而不是掠夺。尽管潜伏具备一定的优势,但研究者在潜伏时会感觉自己像是在窥探,也正因为如此,一般的研究者会更愿意积极参与。④ 此外,是暴露还是隐藏研究者的身份这一问题也涉及伦理问题。

事实上,在虚拟民族志的探索发展中,学者们就其与传统民族志进

---

① Shoham Aviv, "Flow Experiences and Image Making: An Online Chat-Room Ethnography," *Psychology and Marketing*, Vol. 21, No. 10, 2004.

② Schaap Frank, *The Words that Took Us There: Ethnography in a Virtual Reality*, Amsterdam: Aksant Academic Publishers, 2002.

③ Anne Beaulieu, "Mediating Ethnography: Objectivity and the Making of Ethnographies of the Internet," *Social Epistemology*, Vol. 18, No. 2-3 2004.

④ Angela C., Garcia, Alecea I. Standlee, Jennifer Bechkoff, and Yan Cui, "Ethnographic Approaches to the Internet and Computer-mediated Communication," *Journal of Contemporary Ethnography*, Vol. 38, No. 1, February 2009.

行了异同比较①,对如何定位虚拟的田野、调整传统观察与参与观察的方法、虚拟民族志的研究伦理,以及对虚拟民族志的反思提出现实(或线下)的拓展等方面②展开了广泛而深入的讨论。

第三节　大众媒介与中国乡村社会研究

　　一直以来,乡村社会是社会学、人类学等诸多学科关注的经典议题。随着大众传播媒介强势进入乡村,并渗入乡村社会结构和日常生活的方方面面,关于大众媒介与乡村社会发展和变迁的研究也越来越受到重视。

　　早期的研究大多是社会学、人类学学者在对乡村做整体性研究时有所涉及,主要关注传媒、信息传播在乡村社会、文化变迁中的影响或作用,但多是信息的汇总和整理,或者是将其作为村落研究中一种基础性的背景。而以传播学为基础,或将大众传媒与乡村社会作为研究主体的研究要追溯到 20 世纪 80 年代,这是传播学传入中国后的一种本土化实践,这一时期的研究成果多为受众调查,代表性的研究有五项:1982 年杨云胜、程世寿对湖北襄阳地区农村的读者调查,1983 年祝建华等人对上海郊区农村进行的传播网络调查,1985 年张学洪等人在江苏的苏南、苏北、苏中等地农村进行的受众调查,1986 年中央人民广播电台举行的全国性农村听众调查,1987 年中共中央宣传部、中国广播

---

　　①　郭建斌、张薇:《“民族志”与“网络民族志”:变与不变》,《南京社会科学》2017 年第 5 期。

　　②　卜玉梅:《虚拟民族志:田野、方法与伦理》,《社会学研究》2012 年第 6 期。

电影电视部联合调查组开展的经济发达与不发达地区农村居民的比较调查。[①] 这一时期的调查几乎都是以实际问题为导向的应用性资料数据收集,还缺少学科理念和理论框架的指导。

进入 20 世纪 90 年代以后,学人对这一主题的研究有了突破性的进展,其中最具代表性的是复旦大学新闻学院裘正义 1993 年的博士论文《大众传播与中国乡村发展》。这是中国国家社会科学"七五"重点项目"传播与中国城乡现代化"的重要成果,同时也是首次在一个完整的传播学理论框架下进行的大规模实证研究。该研究以发展传播学的理论框架为指导,其主要关注点在于中国乡村地区传播发展的现状,以及如何促进大众媒介支持发展的功能。研究的核心部分由三块内容组成,即全国性的群众调查、全国性的传播过程与反映调查、关于乡村地区传播者的研究和有关媒介的内容分析。在做完中国农村地区大众传播与发展功能的三项相对独立的研究之后,裘正义对当时农村地区的传播现状做了"低需求层次及与此相应的低期望值的低度满足"的评价。[②] 此研究立足于中国的现实,采取定性与定量结合的方法,可以说是发展传播学在中国的第一次本土化实践。另外是由中国社会科学院、北京广播学院、广播电视部等单位联合开展的大众传媒与人的现代化的研究,其中有相当的篇幅涉及传媒与乡村社会,该研究也是遵从传统与现代的二元逻辑,将人作为研究大众传播与社会发展的连接点。[③]

进入 2000 年以后,随着大众媒介在中国乡村的普及,对于大众媒介与乡村社会的相关研究日益增多,从研究视角、方法、关注点等的差异来看,大致形成了两种研究路径。

---

① 郭建斌:《传媒与乡村社会:中国大陆 20 年研究的回顾、评价与思考》,《现代传播》2003 年第 3 期。

② 裘正义:《大众传播与中国乡村发展》,群言出版社 1993 年版,第 214 页。

③ 关琮严:《媒介与乡村社会变迁研究述评》,《现代视听》2012 年第 8 期。

　　一个路径是延续发展传播学的框架，以大众媒介接触为核心，关注传播媒介在乡村的使用情况。具有代表性的研究成果是由复旦大学博士后方晓红调查写就的《大众传媒与农村》一书。该研究采用大规模社会调查的方法，以苏南农村为调查重点，以苏北地区为参照，进行了系统调查。文本通过对江苏南部农村受众与大众媒介及大众媒介与苏南农村经济、政治、文化的相互关系的分析，论证了"农村的变革是媒介发展的动力"，"大众传媒在农村的变革中大有可为，但必须改变媒体从业人员的观念，调整节目内容"，"大众媒介构建了农村与城市文明对话的平台"等观点。① 从该研究可以发现，研究者更注重将大众媒介视作媒介机构或媒体，将大众传媒的影响主要看作是信息内容的影响，从而弱化了其形式所带来的生活变化。此外，还包括张国良教授主持的"新媒介与扶贫"的研究，复旦大学新闻学院与云南大学新闻系联合开展的合作项目"传播与民族发展——云南少数民族地区信息传播与社会发展关系研究"（后结集成书）②，兰州大学新闻学院开展的"农村互联网使用情况"的研究，以及益西拉姆的《中国西北地区大众传播与民族文化》③等。

　　这类研究多从宏观层面，或者运用抽样调查和数据分析等定量方法，从媒介在乡村的接受程度、对乡村社会的影响力等角度进行调查研究，分析乡村社会媒介发展现状、信息传播现状和存在的问题，进而探讨大众传播如何促进人的观念的现代化，如何改变当地文化，甚至如何建立乡村传播学的理论框架等议题。

　　另一个路径则是以大众媒介的传播功能与效果为主题的变迁研

① 方晓红：《大众传媒与农村》，中华书局2002年版。
② 张宇丹：《传播与民族发展——云南少数民族地区信息传播与社会发展关系研究》，新华出版社2000年版。
③ 益西拉姆：《中国西北地区大众传播与民族文化》，兰州大学出版社2002年版。

究。随着大众媒介与乡村社会讨论的深入，一些学者基于传播学的同时运用社会学、人类学、社区发展等学科和相关理论，自觉将传媒与乡村社会文化相连，试图探究传媒对传统乡村社区文化的冲击和影响，传统乡村社区如何在社会变迁中寻求新的文化发展之路等问题。可以说，这类研究是传统研究的一种转向，带有更多社会、文化的视角，主要聚焦于现代大众媒介对乡村的生活方式、社会关系、文化等方面的影响与互动。

云南大学的郭建斌教授是此类研究的先行者，其《独乡电视》运用人类学田野调查的方式，主要着墨于电视出现后的乡村日常生活图景，通过细致描述来洞察电视对乡村日常生活潜移默化的深刻影响，并提出电视在少数民族乡村对权力网络的建构作用。[1] 此后相继出现了一批相似研究，如浙江大学吴飞的研究是围绕位于滇缅边界区域的独龙族生活展开，尽管这一区域相对封闭，可是各种传播形态都在独龙族社区中扮演了各自的重要角色。作者撷取了火塘、教堂、电视这三个具体媒介，分别表征着人际传播、组织传播、大众传播三种不同的传播类型。火塘和教堂具有较为明显的传统特征，而进入独龙族日常生活才两三年时间的电视则代表了大众传媒现代征服的步伐。大众传媒的渗透，不仅改变了独龙族人的日常生活，尤其是休闲生活形态，"重构了他们的日常生活想象"，并对该社区的传统文化产生了不可回归性的影响。作者对传统文化传承的问题提出反思，如火塘边口口相传的故事在面对传媒尤其是电视时已经节节溃退，传统文化的传承将如何继续？如何一方面适应全球化的文化格局，又在一定程度上保持传统文化的优

---

[1] 郭建斌:《独乡电视:现代传媒与少数民族乡村日常生活》，山东人民出版社 2005年版。

良成分？这些都是大众传媒研究的持续关注点。①

　　除此之外,还有四川大学文学与新闻学院李春霞博士的学位论文《电视与中国彝民生活——对一个彝族社区电视与生活关系的跨学科研究》,从仪式理论出发考察了彝族社会与电视的关系;②复旦大学金玉萍博士的学位论文《日常生活实践中的电视使用——托台村维吾尔族受众研究》则是通过对少数民族受众的"电视实践"来彰显国家力量与族群力量,以达到对中国社会变迁中维吾尔族及其族群认同状况的总体了解;③上海大学尤游博士的学位论文《社会转型期大众传媒在农村社区的角色分析——关于湘中三甲村的个案阐释》关注社会转型背景下媒介在乡村社会扮演的角色④;等等。

　　可以说,这些研究者大多采用了相似的研究路径和调查方法,即将研究对象放置于特定的乡村,尤其很多是少数民族社区的微观的社会生活中,以发展传播学的视角来进行考察,揭示传播媒介在乡村社会发展中的角色或作用,展现大众媒介与乡村社会,民族文化多元和复杂的互动、重构,甚至社会转型等问题。

　　当然,也需要看到国内相关研究所存在的局限。正如很多学者所指出的,自传播学引入中国,就有一种注脚型的研究形态。作为西方理论本土化的有益尝试,尽管取得了一些阶段性成果,但长期以来,始终难以摆脱对西方研究的路径依赖。如何通过对该主题的研究来实现西

---

　　① 吴飞:《火塘·教堂·电视:一个少数民族社区的社会传播网络研究》,光明日报出版社2008年版。
　　② 李春霞:《电视与中国彝民生活——对一个彝族社区电视与生活关系的跨学科研究》,博士学位论文,四川大学,2005年。
　　③ 金玉萍:《日常生活实践中的电视使用——托台村维吾尔族受众研究》,博士学位论文,复旦大学,2010年。
　　④ 尤游:《社会转型期大众传媒在农村社区的角色分析——关于湘中三甲村的个案阐释》,博士学位论文,上海大学,2006年。

方理论本土化的革命性突破并不能只从西方同类研究中汲取营养,对中国的现象进行突兀地、断裂地研究,可能更多地还是要从中国自己以往的研究中去发掘精华,去寻找自己的历史起点。①

几乎与此同时,中国以互联网为代表的新媒体传播时代到来。所谓的新媒体是将数字技术、通信技术、文化产品与媒体传播紧密结合在一起的产物,它不再只有音视频内容,而是集成和融合了各种各样的内容形态。② 2007 年,中国互联网络信息中心(CNNIC)开始发布《中国农村互联网调查报告》,这也成为我国首次发布的关于农村互联网宏观发展状况的全面调查报告。至目前为止,中国互联网络信息中心于2021 年 9 月 15 日第 48 次在北京发布《中国互联网络发展状况统计报告》,报告显示,截至 2021 年 6 月,我国网民人数已高达 10.11 亿,互联网普及率达 71.6%。随着互联网的普及,其覆盖范围在农村进一步扩大。贫困地区的网络基础设施"最后一公里"的逐步打通,使得互联网络的普及正在突破城乡之间的地域限制,城乡互联网普及差距进一步缩小,农村居民也开始成为移动互联网络使用的一个主要群体。报告进一步指出:农村网民规模达到 2.97 亿,占网民整体的 29.4%;农村地区互联网普及率达到 59.2%并呈继续增长态势。③ 网络媒体已经成为乡村社会了解信息、增强知识、消除城乡信息差距的最有力媒介。

除了上文提及的每个时期具有代表性的研究外,在近 30 年有关大众传媒与乡村社会的研究历程中,积累了大量的学术专著和论文,大体围绕以下几个不同的主题形成了深入的思想和观点的交锋。

---

① 关琮严:《媒介与乡村社会变迁研究述评》,《现代视听》2012 年第 8 期。
② 张大钟:《上海文广的数字新媒体实践与创新》,《广播电视信息》2006 年第 9 期。
③ 中国互联网络信息中心:第 43 次《中国互联网络发展状况统计报告》(http://www.cnnic.net.cn/hlwfzyj/hlwxzbg/hlwtjbg/201902/P020190318523029756345.pdf)。

（一）关于乡村各种媒介使用和信息传播方面的研究

作为开展较早的领域,这类研究主要包括:关于农民对各种媒介使用情况的调查分析以及关于农村信息和农业科技传播的研究两大类别。前者主要在抽样调查等定量方法基础上进行分析,在时间上最早集中于东部和较发达地区的乡村,后向西部和少数民族地区扩展。

关于东部地区乡村媒介的研究主要集中在河北、山东、江苏、浙江、广东等地,如黄奇杰、王超男的《浙江农民媒介接触状况调查与分析》,将浙江地区的农民按职业的多样性进行细分,分别列举了这些农民接触媒介的顺序,得出浙江农民接触媒介的顺序依次为电视、手机、报纸、图书、期刊、网络、广播。① 郭琴等人在广东省清远市清新区贫困山区的调查也得出相似结果,农民主要的媒介使用方式依次为电视和手机,并得出结论:政府大力推广的新媒体技术,农民并不是接触很多,即便政府极力推广,新媒体也并未真正走进农民的生产生活中。② 此外,中西部农村的媒介使用受自然经济条件限制,与东部地区相比更处于劣势且更为单一。梁长荣在《大众传媒在中部贫困地区的现状——以井冈山农村为研究个案》中指出,该地区农民书籍、杂志、网络、广播等传播媒介的接触频率都较低,农民几乎在大众传媒上找不到自己生产生活真正需要的内容。高海建③、李宏刚④在陕西、新疆等地的研究指出

---

① 黄奇杰、王超男:《浙江农民媒介接触状况调查与分析》,《传媒观察》2008 年第 10 期。

② 郭琴、黄慕雄、彭柳等:《贫困山区传播媒介现状调查与分析——以广东省清新县为例》,《当代传播》2008 年第 6 期。

③ 高海建:《西部地区农村受众媒介接触行为调查——以陕西关中地区为例》,《今传媒》2009 年第 6 期。

④ 李宏刚:《新疆农村地区媒介生态环境研究》,硕士学位论文,新疆大学,2007 年。

电视是农民获取信息的主要渠道,是农民接触频率最高和影响最大的媒介,其他媒介在农村地区的影响并不深刻。

此外,还有专门针对手机使用的调查,如张明新和韦路在 2005 年以"主观需求"论和"创新扩散"论为基础构建研究框架,考察了湖北省三地农村居民移动电话的采纳和使用的现状及其内在机制。调查发现,在农村成人群体中移动电话的采纳者、潜在采纳者和非采纳者分别为 59.6%、18.8% 和 21.6%,且在这一群体中其扩散的饱和点应该在 80% 上下。多元阶层回归分析表明农村居民的人口变量的解释力最强,行为变量(大众媒介使用、人际交往、创新传播科技采纳)次之,心理变量(对移动电话技术特征的主观认知、对移动电话流行程度的主观认知、对移动电话需求的主观认知)的解释力最弱。与此同时,他将这一研究与 2002 年学者在香港进行的研究相比较,指出农村与城市在手机这一新兴传播技术扩散模式方面的不同可能是由于农村收入和生活水平较低,因而在对移动电话等新传播科技的采纳和使用过程中,他们更多受到社会物质条件和生活环境而较少受到自己内心主观感受的制约和影响。[①]

需要指出的是,互联网和新媒体技术的迅猛发展和在乡村的迅速推广使得这类研究呈现很强的时效性,较新的研究是姜娜敏在 2017 年通过对中部地区的鄂豫皖三省的农村受众新闻信息使用行为的调查,这一研究呈现出许多与前人研究迥异的新现状和新特点。例如农村受众的新闻信息需求特点主要包括:新农村受众的新闻信息需求普遍,且逐渐多元化,生活化、直白的表达更受欢迎;农村受众已经逐渐进入到了读图时代;他们获取新闻信息的内在需求是省钱、省事、省时、省心、

① 张明新、韦路:《移动电话在我国农村地区的扩散与使用》,《新闻与传播研究》2006 年第 1 期。

省力等。而从农村受众新闻信息接收习惯上,可以看到农村受众接收新闻信息媒介的基本模式也在发生改变。在对报纸、广播、电视、电脑及手机五种媒体的调查中发现,电视仍然稳居第一媒介的宝座,以手机和电脑为代表的新媒体成为第二媒介,而报纸、广播则逐渐成为边缘化媒介。新媒介已经成为农民日常使用的重要媒介和获取新闻信息的主要途径。同时从农村受众对各种媒介的消费频率、时长维度上也可以清晰地看出以电脑、手机为代表的新媒体已经对农村受众具有一定强度的黏性,相比传统媒介的短时接触,受众对新媒介更倾向于长时间接触。与此同时,作者也指出,技术使用障碍是新媒体在农村地区普及的重要屏障,同时农村受众对新闻信息的处理仍以人际传播为主流,在以互动性为主导的 Web2.0 时代,农村受众并不主动——"潜水者居多"。①

除了上述关注农民对各种媒介使用情况的调查分析外,亦有大量关于农村信息和农业科技传播方面的研究。这类研究大多将信息科学与发展传播学结合,主要对农村信息传播系统、传播网络、信息需求、信息发展体系、信息资源利用、信息如何进入农户以及信息传播模式、农业信息机构等进行了探索和研究,如李艳艳的《手机在农村信息化过程中的角色探讨》②及李亚玲《手机媒体与农村信息化分析》③,两者均通过对手机作为"第五媒体"在农村进行信息传播的优势进行分析与阐述,并对手机推动农村信息化建设进程的前景进行了较为乐观的分析。林晚华和邱艳萍的《手机出版:突破少数民族农村信息传播瓶颈的最优选择》把手机媒体视为少数民族农村信息传播的最佳平台,对

① 姜娜敏:《新媒体环境下新农村受众新闻信息需求与接收习惯研究——以中部地区鄂豫皖三省为例》,《传播与版权》2017 年第 12 期。
② 李艳艳:《手机在农村信息化过程中的角色探讨》,《今传媒》2009 年第 12 期。
③ 李亚玲:《手机媒体与农村信息化分析》,《传媒观察》2008 年第 10 期。

于手机媒体如何刺激少数民族村落经济做了有益的探索。[①]

　　还有的研究着力于农业科技传播,在对中国乡村社会的实证研究基础上进行分析,得出符合中国实情的乡村科技传播模式,并就科技传播的基本问题和发展趋势进行展望。如以陆媚[②]、赵晓春[③]、邹华华[④]等人为代表的作者研究了手机在农村科技传播中的作用、困境与对策等。

　　总之,这一类研究作为开展较早的主题,呈现出我国乡村的大众媒介使用的基本状况和特点,尤其关注到手机和互联网进入乡村的过程和可能的发展趋势,并对如何发掘新媒体在乡村社会发展中可能起到的作用进行有益尝试。但也需要看到,在这一主题下的研究大多聚焦于媒介的信息服务和工具理性,缺少对这一传播新技术与作为主体的人的体验与互动,也就是说人被视为被动的接受者,或者带有将乡村作为市场的功利性色彩,这也正是这一研究难以持续深入的原因。

(二) 关于城乡数字鸿沟方面的研究

　　早在 20 世纪 70 年代,美国传播学家蒂奇诺(P. J. Tichenor)等针对大众传播活动可能带来的社会分化后果,提出"大众传播实际上可能会扩大不同社会阶层成员之间的知识差距,也称为知识沟,这一现象

---

　　① 林晓华、邱艳萍:《手机出版:突破少数民族农村信息传播瓶颈的最优选择》,《出版发行研究》2013 年第 1 期。
　　② 陆媚、贺根生:《手机在民族地区农村科技传播中的作用》,《科技传播》2009 年第 8 期。
　　③ 赵晓春、王鲁美、李艳英:《我国手机媒体涉农传播的困境与对策》,《新闻界》2014 年第 9 期。
　　④ 邹华华、刘洪:《新媒体对农传播的现状、问题与对策》,《新闻界》2007 年第 2 期。

就被称作知识沟假说"。这一假说认为:"随着大众传媒向社会传播的信息日益增多,社会经济状况较好的人将比社会经济状况较差的人以更快的速度获取这类信息。因此,这两类人之间的知识沟将呈现扩大而非缩小之势。"①随着新传播技术的发展,1974年卡茨曼(Katzman)提出"信息沟"理论。"数字鸿沟"则是由美国国家远程通信和信息管理局(NTIA)1999年最先在《在网络中落伍:定义数字鸿沟》的报告中提出,指由于信息和通信技术的全球发展和应用,造成或拉大了国与国之间以及国家内部群体之间的差距。② 由此,不同国家、地区和群体所存在的"数字鸿沟"引起了世界范围内经济学、政治学、社会学、教育学、传播学、信息学领域的广泛关注,在20世纪初,数字鸿沟问题也成为国内学者研究的热点。

对于数字鸿沟,有的学者认为其本质就是经济鸿沟,"它不是一个全新的问题,而是传统的差距在信息时代的延伸,但这些差距在信息时代有可能恶化,从而凸显更大的意义"③。有的学者将其视作是新兴信息通信技术的应用和普及的不平衡④,以及"网络社会的知识沟现象"⑤,并随着诸多因素如种族、年龄、性别、受教育程度而扩展。近来,学者们也开始提出:数字鸿沟是一种综合性的差距。从技术层面看,是地域、教育水平和不同种族的群体在接入和使用数字化技术上存在的差距;从知识层面看,是不同群体在获取和利用知识能力上存在的差

---

① 胡正荣、段鹏、张磊:《传播学总论》,清华大学出版社2008年版,第283页。

② 张萱:《我国"知识沟"的现状及对策探讨》,《青年记者》2011年第27期。

③ 杨加密:《第一次现代化和第二次现代化重合背景下的数字鸿沟问题》,硕士学位论文,南京邮电学院,2003年。

④ 胡鞍钢、周绍杰:《中国如何应对日益扩大的"数字鸿沟"》,《中国工业经济》2002年第3期。

⑤ 戴维民:《从"知识沟"到"数字鸿沟"——网络社会的信息差距》,《信息管理导刊》2002年第6期。

距;从经济层面看,是传统的国际和国内经济的不平等和不平衡在网络经济中的体现;从社会层面看,它是传统社会分化现象在新时代下的延续,即信息分化现象。[①]

信息社会化过程中的知识沟、信息沟明显存在于我国城乡之间和发达与欠发达地区之间。由于城乡二元结构,导致信息在城乡之间存在着不同的传播和接收程度,城乡间的数字鸿沟问题表现尤为突出。随着网络等新媒体的出现和广泛应用,社会对信息的平等交流寄予极大期望的同时,又看到网络媒体的普及以及"数字鸿沟"的扩大和缩小受各种因素的制约十分明显。如袁立庠和尚勤总结出信源、信息、技术、受众和系统运行将是影响中国农村"信息沟"扩大或缩小的五大因素。[②] 最新的一些研究则强调受众的年龄和学历在网络使用中扮演着重要角色,教育程度比起地理空间或者位置对数字鸿沟的影响更大,相对而言性别并不是网络使用中显著的影响因素。[③]

一些学者对"数字鸿沟"持积极态度,金兼斌等通过对互联网在我国扩散过程的分析,认为互联网扩散如同历史上的很多技术创新一样遵循相似的规律,随着时间的推移,数字鸿沟将逐渐缩小。[④] 闫肖锋在《手机将成为"农二代"的话语利器》一文中指出,手机上网让高龄网民摆脱了电脑的束缚,也让农民工子弟更加方便地享受互联网带来的信息,在一定程度上缩小了城乡之间的"信息鸿沟"。[⑤] 高卫华等通过对湖北省恩施土家族苗族自治州与鹤峰县的实地调查也指出:计算机对

[①] 陈艳红:《数字鸿沟问题研究述评》,《情报杂志》2005 年第 2 期。
[②] 袁立庠、尚勤:《手机媒体对中国城乡"信息沟"因子的影响作用——一项基于农村手机媒体信息传播的调查分析》,《现代传播》2012 年第 6 期。
[③] 李红艳、牛畅、汪璐蒙:《网络时代农民的信息获取与信息实践》,《新闻与传播研究》2019 年第 4 期。
[④] 金兼斌:《数字鸿沟的概念辨析》,《新闻与传播研究》2003 年第 1 期。
[⑤] 闫肖锋:《手机将成为"农二代"的话语利器》,《青年记者》2010 年第 16 期。

技术和设备的依赖性较高,如接收终端的电脑价格贵,技术要求高,山区网络覆盖弱等原因,电脑在经济欠发达的农村地区普及有较大难度。而手机媒体则因其携带便捷、物美价廉、上网方便、功能强大等特性,从一定程度上突破了计算机网络的限制,在发达地区或是偏远山区、农村地区都能得到广泛应用,尽管其中仍具有差异性,但相对比率缩小。因此,手机媒体用户能够较为平衡地获取信息,如手机订制文字信息、图片和影像、天气预报、时政新闻、专题信息等,受众增加了平等获取信息的机会,某种程度上起到了缩小信息鸿沟的作用。[1] 东北师范大学的边萃以辽宁省盖州市闾峪村农民的手机使用为个案,以传播学为视角对手机媒体缩小城乡数字鸿沟的可能性进行分析,并从政府、运营商和农民的角度指出了缩小城乡数字鸿沟的条件,提出相关政策建议并做出前景展望。[2]

相反地,另一些学者则认为随着信息技术的迅猛发展,只会导致数字鸿沟不断扩大,而不会出现缩小的趋势。信息通信技术的发展会给已拥有者带来更大的收益,富者愈富,贫者愈贫。李铁锤通过对江西农村新媒体占有情况进行抽样调查,指出以互联网为主体的新媒体在我国城市已逐渐普及,但在农村,由于购买能力不强、对新媒体存在认知障碍和缺乏运用新媒体的操作能力,新媒体对于绝大部分农民而言,还是一个新事物。对电脑,一般农民知道有这个事物,但对其具体属性一般都说不清楚。在以家庭为单位的占有率上同样不容乐观,农村与城镇相比差距明显,农村中几乎没有电脑。至于手机媒体,虽然在农村有一定的普及率,但也只是当成通话工具。农村人处于信息缺乏的荒漠

① 高卫华、杨兰、陈晨:《新媒介背景下民族地区手机传播功能研究——以湖北恩施市与鹤峰县实地调研为个案》,《当代传播》2013 年第 4 期。
② 边萃:《手机媒体对于缩小我国东北农村数字鸿沟作用的研究》,硕士学位论文,东北师范大学,2009 年。

之中,如此下去,则城乡"知识沟"差距越来越大。[1] 此外,邱林川则从传播学和政治学的视角,利用人类学的民族志式的观察,将中国南部的外来务工人员定义为"信息贫乏阶层",强调移动电话的使用对于该群体生存的重要性,同时也揭示出技术层面的发展并不能够解决这个群体在宏观上所面临的歧视。[2]

"知识鸿沟"不仅存在于城乡之间,随着新媒体技术的不断渗入,农村社会的内部也并非铁板一块。田宏园以湖南黄毛坪村日常生活中的手机使用为切入点,指出手机在进入苗村之后,村民的社会交往范围在扩大的同时,也改变了传统的交往方式,形成现实与虚拟交往形式共同存在、相互交叉的形态。在家庭内部,手机媒介促进家庭成员之间的情感交流和代际沟通,但它的普及并没有带来信息平等,反而在父辈与子辈之间形成了"知识鸿沟",并且随着手机使用时间的推移,知识沟会呈现扩大的趋势,知识沟也会成为两辈人之间的代沟和隔膜。[3]

当然,在这一主题的研究中,越来越多的学者意识到:一方面,所谓信息匮乏阶层的出现,所反映出的不仅仅是简单的数字鸿沟,其背后更多的还是经济地位及社会层化的问题,还涉及更为宏观层面的区域经济发展和社会转型。另一方面,尽管和城市以及发达地区相比,乡村的信息传播确实存在着明显的"数字鸿沟"现象,但是,各类大众传媒对传统社区的介入和影响也呈越来越广泛和深入的趋势,并且乡村不再

---

① 李铁锤:《中部农民对新媒体的占有与认知情况调查——以江西农村为例》,《探索与争鸣》2009年第2期。
② 邱林川:《信息时代的世界工厂:新工人阶级的网络社会》,广西师范大学出版社2013年版。
③ 田宏园:《手机媒介与少数民族村落日常生活——基于黄毛坪村的田野调查》,硕士学位论文,华中师范大学,2016年。

仅仅是信息传播活动中的被动接受者，在很多时候他们还扮演着"冲击—回应"的角色。因此，如何有效利用大众媒介并展开相应的传播活动，进而为自身权益的主张和自我发展道路的发掘寻求新的渠道或方式，成为这一主题更具建设性的转向。

（三）关于大众媒介与社会文化变迁和乡村日常生活的研究

大体上，这类研究都采用了基于特定村落的个案式微观考察，研究者大多借鉴人类学、社会学的相关理论和框架，对大众传媒与文化、大众传媒与社会这两大经典议题之间的互动联系展开讨论。这也是目前传媒与乡村社会的相关研究中最为集中、成果也最为丰富的部分。

关于社会文化变迁方面，此类研究聚焦于现代传媒影响下的民族文化传承方式的改变，大众传媒所代表的现代文化与传统文化之间相互交融渗透，以及大众传媒引入对民族文化新的发展变化等问题上。对于大众传媒对传统文化的影响，有的学者强调由于全球化的日益推进和主流强势文化的影响，少数民族民间文化被不断忽视和边缘化。尤其在少数民族社区，作为接受新事物更快的年轻人已经成为"媒介的一代"，却也成了本民族文化传承中的"断裂的一代"，文化传承则需要传承人的相对稳定和他们对文化持续的认同，"断裂代"的存在势必将导致文化传承中"断裂带"的形成。文章也指出，如何在媒介化的语境下来探讨民族文化传承，如何使居于文化传承中重要环节的年轻人避免出现"断裂代"等问题也成为当下传媒和文化研究者面对与思考的重要命题。①

---

① 孙信茹、薛囡：《媒介化语境中的民族文化"断裂代"——剑川县石龙白族村的个案研究》，《红河学院学报》2012年第5期。

另外的研究则强调大众传媒在传统文化、少数民族文化传播中发挥的积极作用,如有学者发现大众媒介在充当着少数民族社区中"文化修补"的工具,通过记录和再现使得当地传统文化得以存续。[1] 还有学者以贵州黔东南为例,认为大众传播媒介在贵州民族地区民族文化传播中展现出"文化工具"的功能,对民族原生态文化传播发挥了积极作用。[2]

有的研究则进一步深入,关注大众传播与少数民族社区的文化建构问题,认为现代传媒通过传播多样的异质文化,使得村落文化经历了一个从建构到解构再重构的复杂过程:现代传媒在村庄内普及后,通过传播多样的异质文化而在村落中建构起一种多元的文化格局,这种多元文化格局又在一定程度上解构了村落原有的传统文化,媒介文化在消解村落传统的同时又经历了一种"多重文化时空的叠合"而重新建构了一种新的乡土文化。因此,作者强调我们对于媒介环境中的民族社区文化变迁的认识,不能简单地评价其好坏,而应将变化的语境考虑在内,尊重文化创造主体自身的选择。[3] 随着大众传媒对传统社区的介入和影响越发广泛和深入,过去诸多研究大多将乡村民众看作是信息传播活动中的被动接受者,但学者们越来越意识到在国家行政力量(如广播电视"村村通"工程的实施)和市场力量(如手机的普及)等多重因素的推动下,乡村社会不仅在相当程度上接受并广泛使用着现代的大众传媒,而且他们自身所具有的本土化和多样化的传播方式还在持续发挥着作用。同时,在这一过程中,还不乏一些利用现代传媒发

---

[1] 张瑞倩:《电视对少数民族传统文化的"修补"——以青海"长江源村"藏族生态移民为例》,《新闻与传播研究》2009 年第 1 期。

[2] 刘祥平:《论大众传播媒介与贵州民族地区民族文化传播》,《贵州民族研究》2009年第 3 期。

[3] 谭华:《大众传播与少数民族社区的文化建构——对现代媒介影响下的村落变迁的反思》,《湖北民族学院学报》2007 年第 1 期。

出自己声音，甚而争取自身权益的做法。这也成为当代乡村社会发展一个可能的思路。[①]

关于乡村日常生活，学者们大多肯定了大众媒介对当代中国乡村社会日常生活的影响，如张翠孝指出"手机媒介像语言一样，为人们思考、表达思想和抒发情感的方式提供了新的定位，它在不知不觉中指导着人们看待和了解事物的方式"，大众媒介"正在以潜移默化的方式，重构农民的生活世界"。[②] 具体来看，大众传媒对农村居民的生活方式的影响可谓是一把双刃剑。大众传媒在引导村民消费、社交等方面都具有积极影响，在影响村民生活方式的同时，也使村民的传统观念发生着悄然的改变。消极影响主要体现在大众传媒导致村民对传统生活方式无选择性的颠覆，如对传统消费观念的摒弃、疏远和淡化人际关系、休闲空间的日益狭隘等。[③] 这类研究大多将研究对象放置在特定的村落微观社会中来考察，采用了人类学的整体观对日常生活的各个方面进行较长时段的观察和细致描述，多以学位论文的形式完成，如安徽大学姜彩杰的《手机媒介对农村社会交往方式的重构——以鲁南地区安太庄村为例》[④]、东北师范大学张瑜的《媒介生态试点下的东北农村地区手机使用研究——以辽宁省铁岭市安乐村为个案》[⑤]、华中农业大学黄彩春的《大众传媒对农民生活方式的影响——对湖北省仙桃市联潭

---

① 孙信茹、杨星星：《媒介化社会中的少数民族村民传播实践与赋权——云南大羊普米族村的研究个案》，《现代传播》2012 年第 3 期。
② 张翠孝：《长沙农村手机媒介研究》，硕士学位论文，湖南大学，2010 年。
③ 黄彩春：《大众传媒对农民生活方式的影响》，硕士学位论文，华中农业大学，2012 年。
④ 姜彩杰：《手机媒介对农村社会交往方式的重构——以鲁南地区安太庄村为例》，硕士学位论文，安徽大学，2013 年。
⑤ 张瑜：《媒介生态试点下的东北农村地区手机使用研究——以辽宁省铁岭市安乐村为个案》，硕士学位论文，东北师范大学，2011 年。

村的实证研究》[1]、哈尔滨工业大学赵海英的《手机:农村居民生活方式变迁的推进器——昌五社区个案研究》[2]、华中师范大学田宏园的《手机媒介与少数民族村落日常生活——基于黄毛坪村的田野调查》[3]等。

(四) 大众传媒中的乡村形象与文化认同研究

在传统城乡二元结构中,除了经济发展水平和生活保障水平等物质性和制度性的差异之外,农村和城市在生活方式和文化观念等方面也呈现出很大的不同。随着城乡交流互动的频繁,这种二元分割不断发生着碰撞。城乡文化差异基础上的乡村形象也随着大众媒体的传播进入公众视野并引发学界讨论。

季中扬等对 20 世纪 90 年代以来的影视作品乡村形象叙事进行了研究,将其大概分为三种类型:一是作为传统社会的象征,二是乡村生活的文化认同,三是想象未来的乡村生活。他们指出,在第一种类型的影视叙事中,乡村形象及其所代表的愚昧与贫困,和现代都市形象及其所代表的文明与富裕,这种对立构建的象征性的符号体系折射出了当时的社会文化心理,在城乡两种生活方式的认同性上,人们几乎毫无保留地倒向了城市;在第二种类型的影视叙事中,更加关注对于乡村形象的"小叙事"格局,在这里构建了一种日常化的、无深度涵义的乡村形象,虽然这在一定程度上表现出对于乡村文化生活的认同,但是也折射出在"后城市化"阶段大众的社会心理与文化认同,即审美化的乡村形

---

① 黄彩春:《大众传媒对农民生活方式的影响——对湖北省仙桃市联潭村的实证研究》,硕士学位论文,华中农业大学,2012 年。

② 赵海英:《手机:农村居民生活方式变迁的推进器——昌五社区个案研究》,硕士学位论文,哈尔滨工业大学,2011 年。

③ 田宏园:《手机媒介与少数民族村落日常生活——基于黄毛坪村的田野调查》,硕士学位论文,华中师范大学,2016 年。

象与文化认同给予了人们一种替代性的心理满足;而在第三种影视叙事中,则表现出更多的政治倾向性,逐渐与党的十六届五中全会提出的建设"社会主义新农村"相契合。① 万嘉懿在考察了一档流传甚广的城乡真人秀节目《变形记》之后产生了这样的质疑:节目虽然采用了半纪录片式的叙事方式,但是在呈现"生活真实"还是"影像真实"方面有待考量。他认为,在节目中采取了城市中心主义的媒体立场,只是呈现了单一化的城乡关系;同时,存在着强化城乡冲突的媒体策略,建构了不平等的城乡关系并刻意标签化城乡人物,将城乡之间的贫富差距塑造为节目的看点。他同时对这样的节目设置提出了尖锐的批评,指出节目倾销着城市主义的价值观和各种"城市物语"。真实的世界被大众传播为我们所建构的拟态环境取而代之,在这背后隐含着对城市文化的认同和对农村文化的遮蔽。②

刘星铄等在分析新闻媒体、电视媒体和影视作品等基础上进一步指出中国社会发展中的城乡二元区隔在大众媒体的影响下越发鲜明并对立起来。尤其在商业媒体兴起之后,立足于城市中产文化观的大众媒体帮助塑造了城市的共同文化和身份认同;同时,乡村的共同文化的主体性并没有在大众媒体中得到发声的通道,几乎所有大众媒体中的话语都是站在城市视角下对乡村的一种想象,而缺乏一种真正来源于乡村的视角。而新媒体的出现,使得媒体话语发生了从官方到市场的转向,解构了国家媒介话语体系的垄断,使得作为个体的人得以审视日常生活并赋予其意义。作为群体的乡村在这一过程中形成了对某一事物的意义的共同认可,这种文化认同的塑造过程超越了政府和市场导

①　季中扬、伍洁:《当代影视作品中的乡村形象与文化认同》,《学习与实践》2014年第12期。

②　万嘉懿:《论真人秀〈变形记〉中的城乡文化差异》,《扬州教育学院学报》2014年第3期。

向,在一定程度上打破了城市对于乡村的阶级想象和文化霸权。①

　　另一种研究的关注点集中于大众媒介对少数民族文化认同与国家认同的影响。对于民族认同,罗坤瑾采用内容分析和对比分析相结合的方法对 172 个报刊报道样本进行了分析,发现媒体对于少数民族的报道大致分为五类。部分媒体所塑造的少数民族形象存在刻板倾向,转变报道视角才更能激发受众的民族认同感。② 而对于国家认同,张媛认为少数民族的认同受到了大众传播的涵化影响,总体来说少数民族对于国家的认同感是比较强烈的,但这种国家认同与其少数民族的身份关联不大。③ 刘新利认为电视传播对建构少数民族的国家认同有正向作用,大众传媒在建构少数民族的国家认同中可以通过培养受众对新闻的兴趣,提高其媒介素养等措施来提高建构的有效性。④ 新近的一些研究则开始探究其间的复杂联系,如陈静静以云南少数民族网络媒介为文本分析,认为族群认同与自我认同、地域认同、国家认同互动并存,互联网为少数民族多维文化认同建构提供了更有活力的空间。⑤ 王江生、梅黎对以湘西为主题的影视作品进行分析,认为少数民族的身份认同问题本质上是文化认同与政治认同相互交织的问题。影视作品发挥其语言文化的教育功能,利用媒介传播社会的主流价值,能够帮助少数民族接纳和吸收主流社会文化,对少数民族认同意识和国

　　① 刘星铄、吴靖:《从"快手"短视频社交软件中分析城乡文化认同》,《现代信息科技》2017 年第 3 期。
　　② 罗坤瑾:《框架理论下"少数民族"议题的媒介呈现》,《当代传播》2012 年第 5 期。
　　③ 张媛:《潜移默化:大众传媒与少数民族国家认同培养》,《传播与版权》2015 年第 8 期。
　　④ 刘新利:《试论电视与少数民族国家认同的建构》,《新闻论坛》2013 年第 8 期。
　　⑤ 陈静静:《互联网与少数民族多维文化认同——以云南少数民族网络媒介为例》,《国际新闻界》2010 年第 10 期。

家认同意识的产生有积极影响。[1] 郭建斌从"媒介仪式"视角观察独龙族村民在当地通过电视观看北京奥运会开幕式的呈现,着重讨论了电视作为一种特殊的"媒介仪式"在特定时空中展现出的"家—国"关系的重构与游离。[2]

除此之外,新媒体兴起后的一些研究则开辟了针对社交媒体与文化认同的新视角,这类研究主要关注农民工群体的流动族群文化认同的建构。如有学者关注中国南部沿海城市制造业农民工的新媒体使用情况,他认为社交媒体承担了心理补偿的机制,在日常生活中缓解了年轻一代农民工的部分压力与焦虑,为其进行自我表达和实现自我认同提供新的空间。[3] 郑松泰提出以"信息主导"(information-lead)为研究视角,探讨新一代农民工在全球信息化的背景下,其日常生活、社会关系以及个人身份建构所经历的变革过程。[4] 在社交媒体的使用与认同关系上,学者们大都持积极态度,认为社交媒体是一个前所未有的表达社会认同的自我呈现平台。潘若婵通过对流动在全国的贵州省威宁彝族回族苗族自治县牛棚镇布依族群体的社交媒体进行细致考察,发现基于微信社交情景的"半实名制"熟人社会,少数民族流动人口完成了现实社会关系的网络化,并在这个关系网络中通过内向的自我认同和外向的集体认同来实现了对自我民族身份认同层次的升级。一方面,

① 王江生、梅黎:《浅谈媒介与少数民族身份认同的关系——以湘西少数民族为例》,《新闻世界》2010 年第 10 期。
② 郭建斌:《媒介仪式中的"家—国"重构与游离——基于中国西南一个少数民族村庄田野调查的讨论》,《开放时代》2012 年第 5 期。
③ Liu Jingjing, et al., "Enriching the Distressing Reality: Social Media Use by Chinese Migrant Workers", In CSCW'14 Proceedings of the 17th ACM Conference on Computer Supported Cooperative Work & Social Computing, 2014, pp. 710 – 721.
④ 郑松泰:《"信息主导"背景下农民工的生存状态和身份认同》,《社会学研究》2010 年第 3 期。

社交媒体给边缘人群提供了一个较为私密的情感场域,在这种密集的群体互动中加强和凝聚了民族共识;另一方面,随着媒介的现代化发展,社交方式的改变也在一定程度上改变了传统身份认同的要素。社交媒体极大地提高了少数民族群体表达自我的可能,将单向的文化传播转变为参与式文化的传播,是少数民族流动人口完成"文化整合"和"身份变迁"的工具。互联网中"想象的共同体"极大地满足了流动人口的民族归属感,同时,也催生了现实社区中民族文化仪式化的传播。[①]

(五) 大众媒介针对乡村社会研究产生的理论、方法论和分析视角

随着相关研究的深入,学者们一方面开始在已有的数据、个案成果中抽离提炼出更具普适性的理论与方法论,另一方面不断将新的分析视角和理论方法融入研究过程,扩展了研究的深度和广度。

梳理大众媒介针对乡村社会研究产生的理论、方法论和分析视角的相关研究可见:一方面,学者们着力将西方的理论和方法引入中国,其中成果最多的是针对虚拟民族志或网络民族志等方法论的探讨,介绍了国外虚拟民族志的发展脉络,就其方法、伦理、理论反思等方面进行综述[②];有的学者则将其与传统民族志进行了异同比较[③],并对互联网人类学理论的发展历程等方面[④]展开了广泛而深入的讨论。另一方面,学者们也尝试将西方理论和方法本土化,运用到微观调查和实证研

① 潘若婵:《少数民族流动人口社交媒体使用与文化认同——基于布依族微信群的网络民族志研究》,硕士学位论文,华中科技大学,2015 年。
② 卜玉梅:《虚拟民族志:田野、方法与伦理》,《社会学研究》2012 年第 6 期。
③ 郭建斌、张薇:《"民族志"与"网络民族志":变与不变》,《南京社会科学》2017 年第 5 期。
④ 卜玉梅:《虚拟民族志:田野、方法与伦理》,《社会学研究》2012 年第 6 期。

究中,如有学者提出"媒介化的社会"(socialization of the media)和"社会的媒介化"(mediation of the society)的概念。前者力图说明当代社会中大众传播媒介作为特定社会组织的社会特征越来越明显;后者则指明当代社会中个人和公众的政治、经济、文化生活正越来越紧密地与大众传媒联系起来并通过大众传播来实现。① 由于传媒和传播活动对社会生活各方面的广泛渗入,人们不仅对传媒的依赖程度加深,而且很多社会事务的处理、群体或个体权利的争取和发声、文化资源的转换与博弈等都必须要借助一定的传媒,并辅之以相应的传播活动才能完成。从这个意义上说,"媒介化社会"成为一个研究现代社会时必然要面对的基本背景和分析语境。

此外,值得一提的是郭净、孙信茹等学者将参与式传播与发展的理念也运用到实践和研究中。源于 1967 年加拿大的"福古实验"提出将摄像机交给当地人,作为参与式的研究与影像的联结,实验强调影像应当给予民众一种声音,而不只是一种信息,其核心在于通过影像的方式帮助长期处于弱势的群体得以"发声"。② 郭净等创始的"云之南影像展"等活动有专门的单元为"村民影像自治"计划提供展示的平台。除此之外,也有学者将赋权和新媒体研究结合,探讨一些具体人群(如妇女、低收入人群、障碍人士等)在特定生活场景和新媒体介入下的赋权过程。③ 孙信茹等以云南省一个普米族村寨作为调查和实践的个案,分析了在媒介参与实践开展过程中的得失利弊,指出村民媒介实践参与活动的意义在于增强边缘性群体在发展中的发言权和决策权,进而

---

① 黄成炬:《媒介社会学》,转引自鲁曙明主编:《传播学》,中国人民大学出版社 2007 年版,第 64—65 页。
② 转引自韩鸿:《参与式影像与参与式传播——发展传播视野中的中国参与式影像研究》,《新闻大学》2007 年第 4 期。
③ 丁未:《新媒体与赋权:一种实践性的社会研究》,《国际新闻界》2009 年第 10 期。

寻找乡土社会"自有"的发展脉络,发掘当地人特有的"地方性知识",发掘自身独特的传播模式。①

随着乡村大众媒介研究的深入,各种新的分析视角不断涌现,其中社会学、人类学的概念和理论为解读乡村中大众传媒提供了多维视角和研究深度。例如:学术界关注到现代传媒已深深卷入空间意义生产的过程中,并且正在成为当下空间建构的核心力量之一。有学者考察一些乡村社会中具有公共空间性质的"饭市"和电视的关系。② 近来,社会空间作为一个新的分析视角被引入了现代媒体对乡村社会影响的研究中,乡村传统的社会空间在现代传媒影响下发生着改变,这种改变不仅仅是物理空间的变化,更是各种力量和新的社会关系的集中展现。孙信茹等通过将空间的叙事视角引入,分析研究了兰坪大羊普米族村寨的个案,发现传媒对该村寨个人、血缘、公共和仪式四类空间的介入和影响,凸显现代传媒如何成为一个传统村寨中空间建构和生产的重要力量和因素。③ 陆双梅基于云南藏区僧俗手机使用研究,认为手机打破了既往寺院与村落之间的区隔,在寺院与村落之间建构了新的宗教空间;手机促进了国家力量对寺院和村落社会空间的介入,改变着僧侣、村民与国家公职人员的社会交往,使得藏区宗教、政治、经济和社会交往处于一种现代转型的流变过程中;手机推动了跨越国界族群文化空间的交流与互动,也呈现了族群文化的冲突和不稳定。④

除此之外,郭建斌以中国西南少数民族的社区作为研究个案,借用

---

① 孙信茹、杨星星:《媒介化社会中的少数民族村民传播实践与赋权——云南大羊普米族村的研究个案》,《现代传播》2012年第3期。

② 陈新民、王旭升:《电视的普及与村落"饭市"的衰落——对古坡大坪村的田野调查》,《国际新闻界》2009年第4期。

③ 孙信茹、苏和平:《媒介与乡村社会空间的互动及意义生产——云南兰坪大羊普米族村寨的个案考察》,《云南社会科学》2012年第6期。

④ 陆双梅:《手机与云南藏区社会空间的再生产》,《新闻大学》2018年第2期。

布尔迪厄的"象征资本"概念,追问"象征资本"如何在乡村社会中发挥作用,以及它对乡村社会关系产生了怎样的影响等问题。[①] 孙信茹等以云南瑞丽傣族家庭照片作为切入点,通过讲述当地傣族人家庭照片背后的故事,探究照片所展现出来的人们的社会记忆和文化,并尝试追问这些记忆产生的村落社会机制、文化背景及其与傣族价值信念之间的关联,从而分析该社会内部成员的自我认知,人与社会、群体间的互动等问题。[②]

第四节　田野地点概况

金秀大瑶山在 1949 年前处于多县分辖的政治管辖状态。中华人民共和国成立后,将金秀大瑶山划为一个县,即金秀县。当然,这并不是说金秀大瑶山的地理范围和金秀县的政治管辖范围完全等同。实际上,金秀大瑶山并不止于金秀县,其整体延伸多个县,包括周边的鹿寨、荔浦、平南、桂平、武宣、象州和蒙山等地。不过,其主体部分在金秀县,而且大瑶山的瑶族也基本分布在金秀县范围内。

大瑶山属于典型的山地地形,山谷林立,海拔多处于 500~2000 米。其中,金秀县城海拔约 800 米。在金秀,海拔 1300 米以上的山峰有 60 多座。大瑶山主峰圣堂山位于金秀的南部,海拔为 1979 米,是广

---

① 郭建斌:《电视、象征资本及其在一个特定社区中的实践:独乡个案之田野研究》,见张国良主编:《中国传播学评论》,复旦大学出版社 2005 年版。

② 孙信茹、杨星星:《家庭照片:作为文化建构的记忆——大等喊傣族村寨的媒介人类学解读》,《新闻大学》2012 年第 3 期。

西中部最高的山峰,其山体高大雄伟,脉络明显,具有山高、谷深、坡陡的特点。现在,圣堂山成为金秀重要旅游点,每年吸引不少游客前来观光旅游。

大瑶山不仅有着高山,亦有大河。25 条河流自大瑶山发源,呈放射状向四周谷底奔流,分别注入周边的桂江、柳江、黔江和浔江。由于其突出的自然资源,在 1982 年经广西壮族自治区人民政府批准,大瑶山建立生态自然保护区,该保护区是一个以森林生态系统和珍稀物种为主要保护对象的国家级自然保护区。

金秀县城驻地为金秀镇,是大瑶山腹地,以茶山瑶和盘瑶为主。现今,作为金秀政治、文化和经济中心,金秀县城吸引了来自全县各乡镇的人才,其中一部分在政府各部门及学校等单位工作。另外有一些在县城做生意,如经营金银首饰店、传统服装店、瑶族草药店、茶叶店等。这些店铺的兴起,一定程度上与金秀试图重点打造旅游品牌有关。此外,还有一些人在县城置业买房,则是出于子女教育需求以及县城完善的基础设施、较高的医疗水平和经济发展水平相对较高等因素的吸引。

虽然金秀县城是全县政治中心,但是县城与各乡镇的交通却并非总是很顺畅。比如,费孝通与王同惠在大瑶山调查时驻留时间最久的六巷乡,与金秀县城的交通至今依然不便。2019 年 1 月,笔者在金秀县城与当地民族宗教事务局及一些热衷金秀瑶族文化的地方精英交流几天之后,需前往六巷乡进行为期一个月的更深入的田野调查。于是,笔者前往金秀汽车站咨询。车站工作人员很遗憾地告诉我,金秀县城到六巷乡没有班车直达,需要先从金秀县城坐班车到达山下平地的汉族乡镇桐木镇。而桐木镇其实也没有通六巷乡的班车,只不过桐木镇经济发达,有很多私人面包车供租用,可把我们送到六巷乡。当时,笔者带着学生,行李不少,为免折腾,就在金秀县城租了一辆面包车去六巷乡，不过要价不菲。破旧的面包车在山路上吃力地行走，看着面包车爬其中几条较长的山坡，总感觉下一秒就会直接停下来罢工。不过，好在破旧面包车最终还是把我们送到了目的地。

六巷乡是我们田野调查的主要区域，位于金秀西南部的六巷乡，总面积约 203.1 平方公里，乡驻地距离县城有 96 公里左右。其东面与罗香乡、平南县大鹏镇相连，南面临近大樟乡，西面与象州县中平镇、大乐镇接壤，北面与长垌乡交界。六巷乡是我国瑶族的重要聚居地，有着花篮瑶、过山瑶、盘瑶、坳瑶四个瑶族支系。六巷乡也是费孝通夫妻当年田野调查的主要区域之一。由于六巷乡有着复杂的瑶族支系及丰富多彩的瑶族文化，六巷乡政府及六巷乡各村乡贤一直不遗余力地挖掘和推广瑶族文化。现在，六巷乡有着多项各级与瑶族文化相关的非物质文化遗产，成为金秀有名的"非遗之乡"。

在行政规划上，六巷乡下辖有六巷、青山、王钳、大岭、门头 5 个村民委员会，53 个自然屯，66 个村民小组。全乡总户数 1000 余，人口6000 余。在交通方面，六巷乡的交通干道主要有六巷至中平公路，可以通往中平镇和桐木镇（这两个周边乡镇是六巷乡日常赶集和商品贸易的主要地点），以及来宾、柳州和桂林等周边城市地区。乡内亦有多条乡间道路，道路多依山而建，是典型的盘山公路，道路狭窄，会车需当心。

我们在六巷乡的主要街道短暂停留，买了点肉和水果。说是街道，其实就是一条五六米宽的土路，一家店铺在门口支摊卖菜和肉，屋内则售卖各种日杂。马路对面是另一家店铺，同样售卖日杂。它们与其他几家更小的店铺构成六巷乡的"商业中心"。我们买完东西后，继续上车赶路。我们要赶到六巷之行的第一个田野调查地点——门头村。

（一）门头

门头村距离六巷乡政府所在的六巷村约 11 公里。两地道路为水泥公路，不过路面较窄。平时村民外出，青少年、中年人及体力尚可的老年人，以摩托车为主要交通工具。而还在中小学上学的学生、上了年纪的老人则多以私人面包车为交通工具。在门头村，村主任拥有一辆私人面包车，在前往桐木镇和中平镇赶集的日子里，村主任就开着面包车载村民出去。当然，遇到在外上学的学生放假，或有人包车，村主任也做好了随时出发的准备。

贯穿门头村的这条公路，全长 30 公里，向北通向六巷村，向南则延伸到毗邻的大樟乡。尽管有这条盘山而建的山间硬化道路来连通外界，使得当地村民出行更为便捷，但由于地处深山、悬崖峭壁当中，门头村不仅距离乡镇仍然较远，而且出行道路也异常崎岖。

我们沿着公路一路往前向门头村方向走，快要绝望时，忽然眼前一亮，那就是门头屯——门头村下辖自然屯之一。门头屯的村口非常"张扬"，并立两个牌坊式的寨门，一个位置高些，显得有点破旧，应是旧寨门；位置低些的，富丽堂皇，应是后立的新寨门，上书"门头"二字。寨门前面是一片平坦空地，两个火堆各摆放不规则大石块，是为石凳。我们到时，十多位老人围坐在两个火堆周围。男的聊天、抽烟，女的在聊天的同时，大多手里面还做着针线活。新旧房屋一排排铺陈在陡峭的山坡之上。山坡坡度大，房屋坐北朝南，每家门前视野都是无遮挡的。房前屋后是四通八达的石板小道，马上把你转晕。

门头村下辖有 5 个自然屯，分别为门头、新村、王桑、文凤、架露。据村支书介绍，该村总人口为 166 户 767 人，其中瑶族人口约 502 人，占了总人口的 65% 以上。其中，门头屯是门头村人数最多的自然屯，现为 48 户近 300 人的规模。这里主要居住着花篮瑶支系，村民主要姓氏为胡姓，此外还有盘、赵等姓氏。

我们到门头村做田野调查并不顺利。时为春节前夕，我们认为这个时候很多外出务工者也已返乡，村中应该非常热闹，有利于田野调查。可是，我们的估计完全错误。外出务工者基本都尚未返村，而原本常年在村屯生活的一些中年男女，此时却全部被山下采摘砂糖橘的活计吸引。他们大多吃住在桐木镇。在门头，老人和小孩成为我们的主要访谈对象，中青年只能碰运气偶遇了。

不过，很多中小学学生成了我们的访谈对象，他们大多已经开始接触手机和网络了。村内仅有一所民族小学可供三年级以下的学生就读，三年级以上和中学阶段则必须前往六巷乡或更远的桐木镇、金秀县就读。此时，这些外出求学的学生也大多放假回到家中。平日娱乐少，又少了父母管束，手机娱乐成为中小学生的主要消遣模式。

门头村的主要经济收入来源于农业、林业及外出务工。全村总面积为41565亩，其中林地面积就占40545亩，耕地面积仅占1020亩（水田面积为435亩）。主要种植有水稻、旱禾等粮食作物和茶叶、生姜、水果等经济作物，并有杉木和八角经济林木。此外，部分村民亦会外出采摘山草药、野生菌等产品出售。很显然，世代依山而居的村民过着靠山吃山的日子，以种植经济林木，出售采摘的八角、茶叶和砍伐的杉木作为主要经济来源。然而近年来，随着种植产业（主要是经济林木）的衰退以及务工潮的兴起，不少青壮年选择外出务工。

位于六巷乡的门头村，地处大瑶山国家级自然保护区的西南部，正如上面所述，这里也是花篮瑶支系的主要聚居地之一，拥有丰富的文化底蕴，当地有多项的非物质文化遗产，而且村落也有优美的自然环境，瑶寨周围就有古树100多株，最老的有五百多年的树龄。虽然位居深山当中，但近年来村里相应的基础设施及公共文化服务体系也有了很大的改善。村委会驻地门头村是村子的经济文化中心，村内目前建有村委会办公楼、戏台、祭祀场、科技文化活动室、灯光篮球场及停车场，建有民族小学教学点一所。除了以上公共文化服务设施外，近几年，村内的广播电视、互联网络等设施都实现了全覆盖，移动手机也基本普及。

（二）架梯

架梯屯是我们的第二个田野考察点。架梯屯属六巷村管辖，也是一个不小的村寨，全村 42 户 200 余人。该屯是盘瑶支系，村民主要姓氏是赵姓。据村民说，赵姓占全村人口的 80% 左右，其余则有盘、黄、冯、王等姓氏。

和门头村类似，架梯的房子也大多依山而建。但是，与门头村不同的是，架梯地势相对开阔，因此房屋较为分散，房屋错落分布在山坡、台地等各处，从高处看，房屋点缀在各式山坡、山脚或突然隆起的小块台地之上。

该村所在山坡正对面，就是金秀著名的旅游景点五指山。架梯屯也成为五指山的重要观景点之一，常年吸引大批旅游观光客的目光。因此，附近柳州市的一位商人兼文艺爱好者在架梯屯买了一栋民居，将之翻新装修后，打造成民宿。民宿视野好，连同五指山在内的大片秀丽山景尽收眼底。田野考察期间，刚好遇一婚礼，民宿爆满。一组从柳州进瑶山拍照的摄影爱好者订房晚了，只能赶往六巷村居住。不过，民宿和旅游对架梯屯经济拉动非常有限。除了出租民宿的这户人家可得租金外，其余村民几乎无法从这些游客身上获得收益。

一条硬化公路从北面将架梯屯与外界连通。不过，悬崖峭壁间道路异常崎岖。近几年，在从中央到地方各级政府的扶贫资助之下，架梯屯的交通状况正在一步步改善。当时，我们看到从门头村到架梯屯的路面泥泞不堪。同行的当地人告诉我们，那是正在扩宽的路，等过完年就开工铺水泥了。

该村手机信号塔离村寨较远，信号覆盖效果不好。我们在参加婚礼的过程中发现了一个有趣的现象。举行婚礼人家的房屋一侧是一大片菜地，婚礼这边的屋子热闹非常，而菜地一边则静悄悄。不过，再仔细一看，菜地埂上，点缀着三五成群的年轻人，或站或蹲，也不聊天，认真地盯着手机屏幕。我走近搭讪，原来大多是附近各处前来参加婚礼的年轻人。屋内的信号无法满足上网需求，菜地则视野开阔，信号接收效果较好。于是，菜地俨然成为一个"网吧"，或网络聊天，或"刷"抖音，或打游戏。夜幕降临，菜地变成一块黑幕，黑幕上面，繁星点点——执着的年轻人依然与手机在"交流"。

架梯屯以农业、林业为主，主要种植杉树、砂糖橘等林木和经济作物。村落周边，目光所及之处皆是杉树。在村内村道两旁则满是伐好堆积的木材。在村民的观念中，杉树成材需要 50 年时间。但是，现在出于对经济因素的考虑，砍下来的杉树多为 20 年树龄。由于杉树价格较稳定，且种植之后，除了头三年需要一定管理成本外，其余时间基本不用"搭理"。因此，杉树种植颇受村民欢迎。

木材之外，架梯屯还广泛种植油茶、八角、生姜、野生茶、野生香菇等经济作物。在这些经济作物中，八角值得一提。八角，曾是六巷乡，也是整个金秀县的特色经济作物。八角树于 20 世纪 80 年代引进到瑶山种植后，凭借着当地独特的气候和地形优势，长势极好，挂果率高，产出高。一般在农历七、八月份采摘，一度为生活在深山中的六巷和金秀瑶人带来不菲的收入。

可惜,厄运在2013年到来。大批八角树开始死亡,即便活着的,也没有再挂果。整个金秀的"八角经济"也就此谢幕。当地农业技术站的专家认为是因为存在一种新的经空气传播的病毒侵入八角树,导致八角落叶病死。不过,农技站似乎也无能为力。在金秀,八角已死。

大批村民开始外出务工,去到附近山下乡镇,或更远的柳州,抑或远赴广东。而留下的村民依然试图在土地上寻找出路。他们开始寻找其他替代的经济作物。近年来,当地村民陆续开始种起果树来,主要是砂糖橘和沃柑。其实,在山下平地,砂糖橘早已成为当地重要的经济作物。金秀八角产业没落后,金秀村民开始向平地居民取经,在山里种植砂糖橘。可惜,橘子树的收成时限一般较长,橘子树6—7年才开始挂果,刚开始一棵树一年可结果100斤,7—8年村龄的则可以结果150—200斤。较长的时限,使得砂糖橘一时也难以成为他们的主要收入来源。

有意思的是,现在金秀瑶山的"野",经网络等各种媒介宣传之后,成为卖点。野生茶即是其中之一。现在,野生茶逐渐成为当地较为重要的经济来源。野生茶在当地没有专门的茶名,多被村民称为"清明茶"和"石崖茶",其中"清明茶"因茶叶采摘于清明时节而得名。当地制茶工艺机械化程度低,主要是小规模加工包装,也没有形成相应的产业链。茶叶售卖的途径一般是游客或者熟人进村进行收购,或者借助各种网络平台宣传售出。

当前,村里多为老人与孩子,中青年则大多外出务工,少数于县属中学上学,而务工流向地则多为临近的柳州地区以及更远的广东地区。年龄较小的孩子多在乡上中心小学就读,而中学阶段则需前往更远的桐木镇中学(初中)和县高级中学上学。留守在村落里的中年人则多从事季节性工种,比如说,在一、二月份多前去临近的桐木镇摘果(砂糖橘），吃住在镇上，工钱日结，每天 150—200 元。

（三）六巷

我们的第三个田野考察点是六巷屯，由六巷村所辖，是六巷乡的乡政府所在地。作为行政村的六巷村，下辖有六巷、石架、古卜、帮家、翁江、泗水、大岭尾、架梯、上古陈、下古陈 10 个自然屯。田野调查之时，六巷村全村总人口有 345 户 1328 人。

六巷村的生计模式与其他村屯基本无异。种植业和外出务工依然是六巷村民获取金钱的两条主要途径。种植主要是以杉木、八角、生姜、砂糖橘为主。与其他村屯一样，八角染病后，已经不再给村民带来任何收入了。据六巷村村主任介绍，全村种植杉树有近万亩，中草药1278 亩，油茶 557 亩，有一个 500 亩中草药基地，种植砂糖橘约 242 亩。随着城镇化和外出打工潮的兴起，六巷村的村民也逐渐出现向外的社会流动。村内的青壮年几乎都会选择去外面从事非农的工作，而处于中年的村民，常常会以半工半农的模式来维持家里生计。在不同季节时，不少村民也会选择去往附近乡镇做零工。

六巷屯是六巷村最大的村屯，目前有 55 户 200 余人。六巷屯是我们六巷村田野调查的主要自然屯之一。六巷屯村民以蓝姓为主，此外还有胡、赵、韦等姓氏。六巷屯的村民大多是花篮瑶。由于六巷屯是六巷乡的政府驻地，其发展速度较快。目前，六巷屯有新旧两个区域。其中，旧址是村落主干道两旁区域。这条主干道现在也发展为六巷乡的主要商业街道。不过，由于六巷乡整体经济水平较低，正如笔者在前面描述的，这条街道商铺只有几家，生意也较为惨淡。不过，年节时返乡"大军"回来，这里会出现短暂的生意兴隆的画面，热闹非凡。新址则是在旧区域的南侧新建的一片居民区。由于六巷聚居人口增多，旧址无法容纳,于是在政府的动议下,南侧出现一片开发区。

　　总体看来,由于六巷屯位于六巷乡的中心,是乡政府所在地,其整体的发展水平和村民的生活水平都较六巷乡大部分村落高,其基本的公共服务设施也相对完善,如乡内有九年一贯制(小学与初中)的中心校、邮局、篮球场、医院、储蓄信用社、供销社等公共服务设施。自 2015年开始,六巷屯的村民也陆续接入互联宽带网络,手机也基本实现较高程度的普及,除个别老人和小孩,村民基本都配备有智能手机。此外,广播电视、互联网络等设施也都实现了全覆盖。

第二章 "网"连瑶山

　　1981年,为响应费孝通先生深入研究大瑶山的号召,胡起望和范宏贵对金秀一个盘瑶村落进行调查,两年后出版《盘村瑶族:从游耕到定居的研究》一书①,该书可以说是1949年之后最早的大瑶山民族志研究著作。该书首章即以"从封闭到开放的大瑶山"为题,概述大瑶山历史。胡起望和范宏贵认为,大瑶山经历了从闭关自守、朝廷设团管辖,到民国时期国民党深入统治,再至中华人民共和国实施民族团结与开放政策,其历程可谓"从封闭到开放"。

　　20世纪80年代至今,金秀又走过了40多年历程。这40多年对于金秀而言,也同样是"从封闭到开放"的历史。在这40年历史中,路网、电网及通信网络等基础设施建设不断深化,给金秀瑶民的生活带来了更多便捷。而且,更为重要的是,路网、电网及通信网络的建设为以手机为载体的信息技术革命准备了必要的条件。智能手机的出现,给金秀的开放历程增加了全新的机会,笔者称之为"数据开放",意指借助互联网络,金秀实现了另一种形式的开放。

---

　　① 胡起望、范宏贵:《盘村瑶族:从游耕到定居的研究》,民族出版社1983年版。

第一节 网络基础设施建设

胡起望和范宏贵所说的"开放",主要指的是中华人民共和国成立后,大瑶山瑶族所经历的民族团结政策与实践上所体现的开放。作者主要从三个方面进行论述:一是各民族之间的友好往来,尤其是瑶族与汉族、壮族的友好往来。瑶族出山不用担心被欺侮或诈骗。汉族和壮族干部也进山协助瑶族干部开展工作。二是公路及邮电的发展。自1949年到作者调查时的1981年的32年间,金秀县修建了多条公路,初步将大瑶山与外界连接。不过,路网还很不完善。比如,当时县政府与全县各公社之间,除了与长峒公社有公路直达外,其余五个公社都须绕行邻县公路才能到县城。如从县政府到忠良公社,须先绕柳州的象州县和鹿寨县,过桂林的荔浦市,再转梧州的蒙山县。邮电指的是全县各公社建立了邮电所,同时各公社下设各生产队安装了电话。三是贸易的增长,既包括山外的各色百货涌入瑶山,也包括瑶山特产的输出。[①]

自1981年胡起望和范宏贵出版民族志至今已40多年。40多年间,大瑶山在上述"开放之路"上越走越远,越走越深入。民族间的隔阂越来越少,往来和通婚已经成为常态。路网也在"疯狂"扩张,县城至大部分乡镇与村落都无需再绕道邻县。而且村村通工程,将村落与县级的路网连接了起来。贸易则更是借着改革开放的春风,如火如荼

---

① 胡起望、范宏贵:《盘村瑶族:从游耕到定居的研究》,民族出版社1983年版,第42—48页。

地在瑶山开展起来。

　　路网、电网和通信网络等基础设施的构建，是保障智能手机正常使用的关键。通信网络是基础，没有通信网络，智能手机就沦为废物。电网也很重要，没有供电，手机也成为摆设。而路网，初看与智能手机使用关系不大，但是当需要使用手机购物或销售的时候，路网成为决定生死的关键环节。可以说，相对封闭的地理空间，原本是大瑶山瑶族自保的资本。现在，开放则是大瑶山发展的保障。这一节，笔者关注智能手机网络使用所需要的各种基础设施的建设，这些基础网络共同构成一张现代信息科技大网，把大瑶山与外界连接，是为"'网'连瑶山"。

一、路网建设

　　众所周知，早先的大瑶山道路崎岖难行。费孝通与王同惠到大瑶山调查，因道路曲折难辨，加之崎岖难行，费孝通最后错上岔道，误入陷阱，脚伤难行，王同惠惊慌求助中因道路陡峭，跌下悬崖。山高路险，也成为阻碍大瑶山走出去的最重要的因素。1949年后，修路搭桥成为金秀县政府的重要工作之一。经过70多年的持续努力，现在金秀路网覆盖越来越广泛。不过，由于地形复杂，山高路险，路网建设依旧有待完善。

　　目前六巷乡乡道虽宽至7.5米，可容两辆小型机动车并排通过，但六巷乡地处大瑶山，群山错落，地势高低不平，所以公路绵延起伏不断，弯度较大。此外，六巷地区气候条件较为恶劣，空气湿度极大，经常有大雨和大雾天气。因瑶山山区地理的特殊性，如遇大雾或大雨天气，能见度极低，基本只能观测到前方十米左右路段的情况。蜿蜒陡峭的公路,加上雨雾使视线受阻,及常可能发生的滑坡,使得乡道交通状况堪忧。走在六巷山路上,亦常会见到突然损坏的路段。门头村的 LK 抱怨说:

> 我们六巷大多是那种比较窄的乡道,有雾的时候真的非常危险,特别是在有弯道的地方,司机完全看不到对面的弯是什么情况,在转弯的时候,要一直不停地鸣笛。因为在山区,路上的弯都特别地急,而且弯道一个连着一个。有雾的时候,特别怕弯道对面的车辆不鸣笛。有一次,在从门头村来六巷村的路上,就因为在转弯的路上,两辆车都没有鸣笛,差一点撞了。

对此,有部分村民向政府有关部门进行反馈,要求在一些常年有雾的地方加装一些指示标志及反光镜,在有弯道的地方加装护栏和反光条。最好是在条件允许的情况下拓宽道路并加装路灯,提高行车安全性,避免在狭窄路段会车,保障行人和车辆安全。不过,似乎暂时还没有得到回应。

从我们的调查来看,包括门头、架梯和六巷在内的大部分六巷乡村落,面包车和摩托车是基本出行工具。摩托车是六巷瑶山中最常见的交通工具,基本上是家庭标配,是非常方便的出行工具。虽然现在六巷的公路大多能通车,但是部分山路路面崎岖,车道较窄,遇到如滑坡等恶劣情形,路就可能被堵住。因此,摩托车成为出行首要选择。

村民吃过早餐之后,通常会出去干活。靠山吃山,到山里干活是他们的生计来源之一。因此,他们需要往山里走,而山里路程通常不会短,摩托车是最合适的交通工具。笔者发现,常在山里骑行,村民们练就了高超的摩托车驾驶技巧,哪怕是在崎岖的羊肠小道上,也可以骑之如履平地。

　　偶尔在家的年轻人也爱骑摩托车溜达。我们调查时,就多次碰到门头村的年轻人成群结队地骑着摩托车去六巷村里玩,吃碗米粉,或者只是买一点蔬菜或肉类等食品。由于门头距离六巷村,骑摩托车大约15分钟路程,因此这对他们来说非常便捷。

　　正是因为摩托车在村民生活中扮演了重要角色,在六巷,"开车"也可能用来指骑摩托车。为此,笔者一行在门头村调查期间,还闹了一个小小的笑话。笔者一行三人在门头村田野调查期间,吃住在村支书家。临近春节时,村支书家的小儿子放寒假回家。他提议"开车带大家去外面转转"。我们答应了,并且想从外面买一些食材回来做一顿较丰盛的饭菜酬谢房东一家。我们于是约定第二天中午出发。第二天中午时,支书家小儿子跟笔者联系,说他还有一个朋友一起出门,到时"开两辆车出去"。笔者一行受宠若惊,赶紧提议没必要开两辆车,一辆车就足够了。可是,他似乎没有理会我们的提议。等到他们把"车"开来,笔者一行才恍然大悟,原来是摩托车。

图2-1　架梯屯私家车停放点(缪祥圆摄)

若到桐木镇或更远的地方,面包车则是更佳选择。据门头村村支书跟我们说:

> 我们这里闭塞,四面环山,到外面去最大的问题便是交通。在政府的各项资金和各种扶持项目的支持下,我们六巷的公路越来越好。前几年,有些积蓄的人家,就开始买车了。不过,我们这里大多买的是面包车。对于农村来讲,面包车更实用。当然,一些有钱的人家,买了面包车,还买小轿车。

特别是对于行动不便的老年人和小孩来说,他们没法驾驶摩托车,面包车就成为他们出行的唯一选择。一些买了面包车的人家兼营运输生意。节假日和赶集日的一早,面包车从周围各村拉老人和小孩到集市,午饭过后又拉回村里。碰到学校放假,这些面包车也负责从学校将学生拉回村里。遇到急事需要出去的人,也可以单独租面包车。

原本,金秀县城有班车往返六巷乡政府。这种小型班车只有19座,每天有一班。可惜,我们调查时已经停运4个月了。其实,金秀县城到六巷乡的路程很远,需要绕道山下的桐木镇,再从桐木镇到六巷乡。而对于很多六巷村民而言,繁华的桐木镇已经可以满足日常购物所需了。因此,需要到金秀县城的人并不多,往往是到政府办事或有其他特殊情况。有限的需求,加之路程较远,导致班车临时停运。不过,一条翻山直通六巷的水泥公路正在修建,届时金秀到六巷估计就畅通无阻可直达了。

同时,一条建设中的梧州到柳州的梧柳高速从六巷附近经过,距离高速最近的是门头村。在门头村南部,计划修建一个高速路出口。一旦修通,这一高速路口将成为连接大瑶山和外界的主要通道。这个高速公路出口据估计会在 2019 年年底通车。① 门头村民欢欣鼓舞地跟我们谈论这条高速公路。村民相信,梧柳高速将带领他们与外界"高速"连接,以后出去就非常便捷了。不过,有一些六巷村民对梧柳高速的实际用处持保留意见。一位村民叹息说:"高速公路确实好。但是,出口在门头。门头到六巷,路可并不好走啊!"

图2-2　绕山而建的门头村水泥公路(康增雄摄)

近年来,随着扶贫力度的加大,交通投入也越来越多。2018 年,为配合扶贫攻坚政策的实施和改善村民的出行与生活条件,政府相继实施了一系列民生工程。据乡政府有关数据显示,2018 年全乡的村落扶贫项目总投入资金 4640.42 万元,其中道路硬化、停车坪硬化、路灯亮化工程等涉及交通的工程投入达到数百万元,交通条件得到了很大的改善。

众所周知,六巷乡乃至整个金秀县地势复杂。在六巷,有些自然屯人数很少,相互之间又相隔甚远。原先,村民砍掉杂树、杂草开辟羊肠小道连接彼此,即算是"交通",成本并不高。现在,"交通"所服务的对

---

① 这个高速路口最终于 2019 年 9 月 26 日建成使用。

象不再指双脚,而是指四个轮子的汽车。在这崇山峻岭间修大道,费钱费力是可想而知的。即便如此,六巷乡的交通,甚至是各自然屯的交通,都在日益改善。自然屯的交通,有些已是三级路,有些由简单水泥路或石渣路贯通。这两年,政府的投入进一步加大。

以地处偏僻的架梯屯为例,政府相继实施一系列民生工程,2017年道路建设投入139.8万,2018年进村水泥路建设项目投入30万元,停车坪硬化投入7.2万元,路灯亮化工程投入数万元,交通条件得到了很大的改善。与架梯屯类似,六巷村也正在"交通升级"。六巷村委管辖的十个自然屯已经有七个通了水泥路,其中上古城村和下古城村正在抓紧时间以三级路标准改造,预计2019年年底通车。

二、逐渐稳定的电网

虽然整体上,中国的电力供应能力逐步提升,但是,用电依然存在地区不平等的问题。比如,六巷乡用电就很不稳定。因交通、电网、地形等限制,六巷经常发生停电事故。六巷供电由位于桐木镇的供电机构负责。因路程远,交通不便,停电抢救往往很不及时。村民LK告诉我们,如果是晚上停电,那么几乎可以断定,整晚都不会来电了。因为桐木电工不可能半夜赶来六巷。有时甚至要等两三天才恢复供电。

不过,近两年,电网升级改造,情况改善了很多,停电次数少了。但随着冰箱甚至空调等电器的广泛使用,停电造成的影响越来越大。因此,村民对用电的期待越来越高。事实上,停电也意味着手机可能没法充电,这对对手机依赖程度越来越高的村民而言,也逐渐成为一件无法忍受的事情。

三、通信网络建设

对于金秀大瑶山而言，第一次革命性的通信变革大概发生在 1998 年。1998 年开始，六巷全乡各村开始安装有线电话机。有线电话的出现，使得瑶人相互之间以及对外联络变得十分便捷，而不再像以前那样需要耗费大量人力、物力和时间翻山越岭传递信息。不过，几年后，电话的使用频率开始降低。一方面，电话机或电话线路出现故障后，专业人员需要翻山越岭前来维修，时间成本很高。因此，有时坏了的电话就不再维修。另一方面，具有可移动功能的手机开始出现。据六巷村的老村干部 ZJC 回忆，到 2004 年左右还在使用有线电话的用户已经很少了，以至到 2008 年，整个六巷村的电话线全部拆除。短短 10 年间，手机就完全替代了有线电话。

2008 年前后，手机已经成为家家户户必备的通信工具。手机刚刚在村民手里捂热，几年之后，智能手机出现。这次，很多村民还没等 4G 网络来到村里，就开始疯狂购买智能手机了。我们在金秀的调查显示，几乎与 4G 在中国出现的时间大致相同，村民 2014 年后就开始购买智能手机了。而在金秀，大规模拉建 4G 网络，是在两年后。接下来，我们以主要调查的几个村落为例，介绍当下通信网络建设和使用的情况。

相较周边经济发展水平较高的桐木镇和中平镇，六巷乡的通信和网络建设相对滞后。以我们调查的门头村为例，电信和移动的 2G 信号塔基站大概于 2012 年修建；2014—2015 年，村民开始大规模购买智能手机；2016 年，电信和移动的 4G 信号塔建设成功。在政府支持下，移动和电信运营商与村民达成一定的网络优惠活动。在此政策下，2016 年，全村几乎每家都安装了宽带，并利用路由器开通了 Wi-Fi。不过，据门头村民介绍，因为电力供应不稳，断网现象经常发生。发生断网后，六巷又缺乏专业维修人员，往往要从外面调维修人员过来，加之地形与气候复杂，网络往往几天甚至更久才能修好。

架梯屯村民对本村的网络质量越来越不满意。4G 技术突飞猛进的 2015 年，中国移动在架梯安装了 4G 信号塔。可惜，村民对此颇为抵触，愿意安装宽带的用户很少。中国移动后来就将该基站撤了。现在，架梯村内没有任何 4G 信号塔。不过，村民可以接收到来自附近的中国电信信号塔的信号。与此同时，来自附近的中国移动的信号也可以在村中特定地点接收到，但是极不稳定。而中国联通在架梯村则几乎是没有任何信号的。

鉴于此，现在架梯屯的村民主要使用电信手机卡。一则是信号相对较好，二则电信推出了合适的套餐可供选择。村民 ZRJ 告诉我们，本村村民大部分使用电信卡，并且很多购买的是电信的一种 120 多元的月套餐，可以共享 3 张电话卡，这对很多家庭而言很有吸引力。

事实上，即便是电信 4G 信号也时常不稳定。手机网络时好时坏。有时为了接收到信号，需要跑到楼顶高举手机寻找信号。对于在山里干活的村民而言，手机就基本是摆设，长时间显示"无服务"。

由于 4G 信号塔没有进村，架梯屯现在没有安装宽带，也自然无法使用 Wi-Fi。现在，4G 信号塔的建设成为架梯屯人人在讨论的事情。村民 ZX 有两位亲戚，分别在中国移动和中国电信从事移动基站的安装工作。随着村民的"4G 需求"越来越旺盛，ZX 委托两位亲戚咨询能否在村里建基站。可是，ZX 告诉我们，申请打上去了，但一直没批。

在银行工作的 ZD 是架梯屯人。ZD 认为，网络问题越来越成为阻碍架梯屯发展的限制性因素。他说：

> 现在农村的问题不是没有手机。现在手机便宜，大家都买得起。但是，在我们架梯，网络成了问题。当然，不只我们一个村子，还有一些村子也和我们一样，网络不普及，光纤网络铺设不到；铺到了，收费又很高。网络是我们的头等问题，限制了我们各项的发展。

由于六巷村是六巷乡的政府驻地，因此基础设施相比其他村落较好。通信网络的建设也较其他村完善。不过，整体地理条件的不便，使得其通信网络也面临诸多问题和挑战。在六巷街道做小生意的 CJH 充满抱怨地回忆起 2012 年建立 2G 通信基站后糟糕的运转情况：

> 有时运转了两个小时，就又坏了，打电话给桐木镇的维修人员过来维修。虽然我们离中平镇较近，但是中平镇不属于金秀管辖。所以，按管辖来说，我们必须请桐木镇的工作人员维修。这中间耗时耗力。平时还好，到冬天，遇到下雪霜冻，公路被封，维修人员想进来都没辙。

到了 4G 时代，基本通信已经不成问题。被抱怨的更多是网络是否有，信号是否稳定。一般而言，交通越便利的地方，建基站越容易，网络信号也越好。而交通不便的村落，基站建设成本往往高昂，网络信号也就差。六巷村总体信号较稳定。不过，与其他村落类似，不同运营商的信号情况差异很大。六巷村的 LD 告诉我们：

> 在宽带和网络方面，中国电信占据着绝对的优势，用户也是非

常地庞大。其实,一开始,中国移动也来村里宣传过,也做过工程,但响应的人很少。我觉得有几个原因吧。在信号方面,移动在这里虽然有信号,但是他的信号远远没有电信的好。电信在两三年前来村落安装光纤网络,所以信号非常稳定,很好用。还有个原因,电信的维修服务做得好。电信会有专门的维修人员进行维护修理,故障排除很快,一有问题打个电话立马就会上门服务。最后有个原因,是因为电信最早进入农村,我们对电信的印象比较好。所以,当我们选择的时候,我们就自然选择了电信。手机卡的话,现在移动的手机卡也有很多人用,不过还是电信卡用得多。联通就不用提了,在这里完全没有4G信号,早就没人用了。

近几十年,中国通信变革非常迅速,从有线电话到功能性移动电话,再从功能性移动电话到智能手机,短短一二十年间变化极大。这一次次通信设备更迭的潮流,金秀其实并未滞后。不过,由于交通和地理的限制,通信稳定性很差。有线电话时代的问题主要是线路稳定问题。到了功能性移动电话时代,就又涉及手机信号的可获得性了。到了4G时代,手机通信信号在大部分村落已不是很大的问题。大家关心的更多的是4G网络的可获得性和稳定性。这一方面揭示了4G时代的特质,一方面也暗示着村民对网络的依赖和要求越来越高了。

无论如何,封闭的瑶山现已敞开。通信网络的发展为村民从封闭走向开放提供了条件。随着信息化社会的到来,通信网络的发展也为村民联系外界带来了动力,当然也促进外界对大瑶山及六巷地区的关注与了解。

第二节 手机媒介运用的普及

最近十余年间,金秀的开放之路呈现出特别之处。如果说,胡起望和范宏贵所描述的"开放"多指的是人群间政治、经济和文化的往来,那么当下的"开放",除了深入政治、经济与文化往来外,还增添了一抹新的亮点,这就是由迅速发展的通信和互联网所构建的新的开放形式,我认为可以称之为"数据开放"。在"数据开放"中,外界对于瑶山瑶族而言已经没有秘密可言,外界的"数据"可以畅通无阻地通过网络"高速公路"实时传输进入瑶山;而瑶山的"数据",经由"传统""瑶族""山味""土味""特色"等词汇包装后,也传输到山外。

一、从"坐地自划"到"流动起来"

虽然大瑶山很早就成为瑶族重要聚居点,但是由于山高岭峻,生存环境较为严峻,实际人口规模并不大。据资料显示,截至 1983 年,全县平均每平方公里才 11.29 人。[①] 在大瑶山,双脚是唯一靠谱的交通工具。实际上,即便是人行的羊肠小道,其开辟与修建也是费时费力的。行走其上,或盘山,或越岭,或下陡坡,都颇为费劲。对于早就练就"梯

---

① 胡起望、范宏贵:《盘村瑶族:从游耕到定居的研究》,民族出版社 1983 年版,第12 页。

云纵"的瑶民而言,这弯弯绕绕的羊肠小道就等同于"高速公路";但是对于山下的汉族或壮族而言,上瑶山"难于上青天"。而在胡起望和范宏贵《盘村瑶族:从游耕到定居的研究》一书中,更惊险地描述道:

> 尤其是春夏雨季,山水暴涨,河冲多而无桥梁可通,不要说与外界的联系会隔断,就是瑶山内部的各个山村,往往都会成为孤山孤村,无法往来。①

山路如此陡峭,甚至连马匹都无法通行。据胡起望和范宏贵介绍,1940 年,国民党军队进入瑶山时,曾牵来随军马匹,很多瑶人第一次见到马。马匹对于瑶人来讲是稀罕物。②

"金秀大瑶山瑶族数百年的历史,就是依托崇山峻岭自保的历史。"③瑶山封闭,外界人口难以进入,而村里的人要出去也需要走上几天的山路,就连内部村庄与村庄之间也是群山阻隔相距甚远,彼此之间缺乏持久而稳定的沟通,恰如《桃花源记》中所描绘的:"来此绝境,不复出焉,遂与外人间隔。"例如此次调研所去的架梯屯,从架梯屯到六巷屯走山路需要一个小时,走公路则需要将近两个半小时,而从架梯屯到隔壁的下古陈屯也需要两个多小时。这还是指走在平坦的公路上,在之前尚未修建公路的时候这些路都是泥巴路,每到夏季雨水天行走起来更加耗时耗力。

"坐地自划"的村落与闭塞的交通情况使得六巷乡在 20 世纪 50 年代之前一直处于与山下壮、汉等族群缺乏深入交流的状态,与外界往来

---

① 胡起望、范宏贵:《盘村瑶族:从游耕到定居的研究》,民族出版社 1983 年版,第 12 页。

② 胡起望、范宏贵:《盘村瑶族:从游耕到定居的研究》,民族出版社 1983 年版,第 12 页。

③ 徐平主编:《中国民族地区经济社会调查报告(金秀瑶族自治县卷)》,中国社会科学出版社 2015 年版,第 274 页。

仅限于日常所需物品的贸易活动。不过，虽然缺乏外界新的信息与资讯，但从六巷老人的回忆里，似乎可以看出，曾几何时，作为世外桃源的大瑶山颇有"黄发垂髫，并怡然自乐"的生活意蕴。

1949年之后，以前封闭的大瑶山山门逐渐打开。人民公社化运动在瑶山的开展以及城市里知识青年的进入为瑶山输送了新鲜的血液，使瑶民逐渐"流动"起来。新的农业生产观念以及生活方式的传入，使得刀耕火种的传统农业生产方式被集体经济所替代，道路与广播通信建设也开始在瑶山内发展起来，公路则连接起了瑶山与外部世界，传统的通过"喊山"来传递消息的信息传播手段也被广播媒介所取代。可以说大瑶山在这个时期已经开始逐渐融化封闭的外壳，新事物的进入则成为带动大瑶山走向开放的流动的"血液"。

不过，很长一段时间，这种"流动"具有一定的局限性。首先，由于户籍制度等原因，流动多限制在瑶山范围之内。农村与城市二元对立的关系阻碍了农村人口向经济条件更好的城市寻求发展的机会。如果说，从20世纪50年代到70年代，瑶山山门的开放是以政治为主要驱动力，那么1979年开始瑶山山门的进一步打开，则要归功于市场经济的神奇"魔力"。

从20世纪80年代开始，瑶山开始大面积地种植杉树与八角树，八角树种植成为瑶民家庭最主要的经济来源，栽种八角树与杉树所获得的利润使得每个家庭能够保障最基本的生活。与此同时，市场经济的观念传入瑶山，人们也第一次有了市场竞争的意识。此时率先有瑶民抛开传统的农业经济，而走向了市场经济大热的邻省广东，他们从广东购置回服装与电子产品，再回到六巷进行售卖，同时传递有限的外部信息。

在改革开放初期，六巷的劳动力基本上一直留守在本地从事农业劳动，从农业上得到的利润可以形成持续性的保障，有勇气离开祖辈传下来的山林的瑶民其实不多。不过,随着时间推移,经济作物给村民带来的收入越来越有限,尤其是 2013 年大瑶山村民主要的经济作物八角树出现病害后,村民收入受到极大影响。一些村民选择在村子里面栽种古茶树和香菇等经济作物来分担一些由于八角树收入变低而带来的经济压力。而更多的人将希望投向山外,向外寻找新的经济出路。外出务工成为一种重要选择。他们多是结伴外出,怀揣着去见识外面世界的想法走出去。其中一些人一时无法适应或满足于外地岗位与社会环境,还是需要家庭给予经济援助。一些外出务工的瑶民内心深处其实还有着很强烈的乡土情结,所以在外地工作几年之后,一般都会选择返乡务农。外出务工的青年,多选择去柳州、东莞和深圳等地打工,从事的基本上是服装制造或餐饮服务行业。而中年人则会去本乡或是桐木镇、中平镇等地寻找短期的工作。

在此背景下,金秀瑶山瑶族村民开始流动起来。他们不再局限在瑶山之中,而是主动"出击",到外部寻找生存和发展的资源。随之发生的,不仅是自身经济条件的改变,还包括观念的转变。而信息科技的到来,则进一步加剧了这一转变。可以说,互联网的发展与普及,是大瑶山一步步开放的重要"幕后推手"。

二、从无到有的互联网

就六巷而言,互联网的出现大概可以追溯到 2000 年。彼时,在全国经济一片利好的情况下,六巷乡也催生出了一批生意人和各类商业投资。在六巷乡街道两边,陆续出现各类商户,这些或大或小的商铺主要售卖一些日常用品。他们从经济较为发达的附近集镇,如中平等地方进货，雇车将货物运送到六巷。有些人在商铺售卖，有些本钱不足的直接摆摊，也有一些"大老板"甚至直接雇用村民来经营店铺。这段时间六巷村建起了小吃店、蔬菜店、音像店和小超市等商铺。

在各类商铺中，有一间并不起眼的商铺，它"卖"的东西和其他店铺也有所不同。它就是六巷的第一家网吧。这个网吧里拥有三台电脑，平时都是村子里的一些青少年以及中年人光顾。作为当时六巷乡唯一的网吧，它的进驻也成为网络真正开始进入大瑶山并对人们的社会生活产生影响的一个重要事件。[①] 虽然此时六巷的通信业发展也有了很大的进步，家用电话已成为人们互相联系的重要方式，但是互联网却还是处在一个只有少数人会使用的情况，并不是非常普遍，包括信号塔以及网络的建设还处在刚刚起步的阶段。人们获取的信息最主要还是从电视机以及归来的外出务工人群口传而来，并且这些信息对于人们的生产生活其实并没有造成很大的影响，大多数的瑶民一直处在一个被动性地接收外来信息的位置。

可以说，六巷第一家网吧正式打开了六巷的"网络之旅"，借助互联网，六巷加速了与外界对接的步伐。不过，通过电脑连接互联网毕竟是成本高昂的事，一般瑶民无法承担。真正让大瑶山和六巷村民"畅游"互联网的是智能手机的不断普及。

三、不断普及的手机

我们在六巷做田野调查时正值寒假，发现很多无任何经济来源的在校青少年手里整天都捧着手机。这些手机是他们的父母买给他们

---

① 徐平：《大瑶山七十年变迁》，中央民族大学出版社 2006 年版，第 104 页。

的。这些在校学生,由于在外住校,通常一周才回一次家。因此,他们的父母大多以"联络亲情"之名为子女购买智能手机。可惜,众所周知,互联网向来是把双刃剑。缺少自控力的青少年尤其容易深陷其中,无法自拔。

2000 年之后,尤其近 10 年,六巷进城务工的青年人越来越多。由于经济收入不足,加之精力上亦无法顾及子女,进城务工人员的孩子通常放在六巷由孩子的爷爷奶奶抚养。为了方便联络,父母都会给孩子购买一部手机。此外,受撤点并校以及教育资源集中化的影响,为使子女接受更好的教育,很多六巷父母将子女送到较远的桐木镇或中平镇的学校开启漫长寄宿生活。这时,即便是没有外出务工的父母,也会给孩子购买手机以便于联系。ZRJ 和 HHL、FYH 分别是架梯屯就读于桐木镇的全日制初二、高二以及某职业技术学院高二的学生。三人的父母都不约而同地在他们六年级或者是初中一年级的时候,给他们购买了智能手机。HHL 说:

> 我们读书的学校离家里很远。有时候(我们)有事情需要联系家里,或者家里有事情要联系我。没有手机是很不方便的。我们很多都是去桐木读书,读书之前,或至晚在桐木读书的第一年,父母都会给我们买手机。我们班上,我发现每个人都有手机。

六巷青少年一部分继续读书,一部分则辍学。辍学之后,有的"赋闲在家",抱着手机,过几年"昏天黑地"的生活。不过,他们很快会想要出去。大部分"走出去"青年的选择是进城务工。而广西毗邻"打工天堂"广东,因此,很多青年人纷纷去往广东务工,成为"打工大潮"中的一员。虽然绝大多数的青年人在二十五六岁的时候会回来六巷接替父母务农，但是仍然还是有极少一部分人一去20多年便再也未曾回来过，直接选择了长居外地。由于经济独立，这些青年人常常拥有不止一部手机。[①]

如今六巷外出打工的青年人群体有很大一部分是在十七八岁的年龄就出去了，甚至也有15岁、初中尚未毕业就已经去了柳州的打工者。而这部分人群在二十五六岁左右的年纪便会回来家里务农，鲜少有在外地定居的，同时拥有两三部手机的也多为这部分人群。Z常年在广东打工，每年只有过盘王节或者是春节的时候才回来，他在十八岁左右的时候就出去了，现在在广东做轻工业制造的工作。他现在有着两部手机，其中一部大屏幕手机是为了打游戏方便而买的，刚刚买了一年；而由于旧手机屏幕小且操作也不像以前一般灵敏，Z就只将其拿来打电话。手机更新换代的速度非常之快，Z的旧手机如果卖出去也卖不了多少钱，所以Z就直接拿着两部手机用。而这个也是很大一部分人仍然选择使用旧手机的理由。另一位大哥刚刚换了最新款的苹果手机，而他也不再使用旧手机，但是由于旧手机回收的价格太低，所以他就打算将自己的旧手机拿给自己的父亲使用。这样便一举两得，即父亲得到了一部智能手机而自己也刚好处理了旧手机。

现在手机已经越来越成为一种刚需。越来越多的六巷村民选择外出务工，青年人远离故土，而中年人则去往县城谋短工活计。六巷家中，老人成为家中支撑。上初中之前，小孩跟着老人留守家中。初中之后，少年们就要远走邻近乡镇念书。一家三代，分居三地，是传统中国所不多见的情形，现在却越发成为六巷日常，也一定程度上反映了很多

---

① 徐平：《大瑶山七十年变迁》，中央民族大学出版社2006年版，第118页。

中国农村的日常。三代人之间往往只能靠电话维系情感。手机自然变成家庭刚需。

老人由儿子、儿媳配备功能性手机,只需要懂得接听以及拨打,就可以"连通"家庭成员了。我们调查时,越来越多的老人拥有了智能手机。但我们访谈时发现,有一些老人把智能手机仅当作普通功能手机使用。不过,越来越多的老人则正在追赶潮流,迎合科技,学会了"玩手机"。我们在架梯的一个婚宴上,遇到了 ZH 老人,他一个月前在金秀买了一个智能手机,"很多人都有,我也想试试!"见到我们几个"闲人",他就请我们教他如何通过微信发语音。

孙辈接受新事物的速度就快多了。临近开学的初中生,人手配备一部手机。这些人已经是智能手机使用的"老司机"了。他们的智能手机操作水平甚至早已超过他们的父母。假期"赋闲"在家,懂事的孙辈也会抽出点娱乐时间,教教他们的爷爷或奶奶一些智能机基本功能的使用。实际上,在我们的调查中,智能手机俨然是最重要的"带娃工具"。我们不止一次见到,四五岁的娃娃熟练地操作父母的手机。

智能手机的使用,基本上与 4G 信号基站的建设同步。基站的建设一方面方便了手机的使用,另一方面也使得家庭内部实现"网络升级"。很多家庭选择安装宽带网络。有了宽带网络,大部分人家会弄个路由器,实现家庭 Wi-Fi 全覆盖,一些人家将电视也升级为网络电视,少数人家则买来电脑。在我们调查的几个村落中,门头屯和六巷屯的网络覆盖非常稳定,唯有架梯屯略显不足。不过,村民很快就摸清了村落中每一块土地的"信号强度",可以准确获取所需信号。

随着手机逐步成为生活刚需,村民花在手机上的开销也越来越多。据统计,下古陈屯村民手机的使用人数甚至占到了全村人口的 80% 以上,年轻人基本上都有手机,每人每个月话费少的有几十元,多的则达到了 100 元以上。[1] 这个消费水平也基本上与我们调查的几个村落相同。徐平也统计了大瑶山家庭的年平均通信支出,并认为,每户年平均通信支出费用从几十年前的几近为零到 2006 年间的 700 多元,表明了手机已经开始在大瑶山内普及开来。[2]

① 谷家荣:《坳瑶社会变迁——广西金秀大瑶山下古陈村调查》,云南人民出版社 2010 年版,第 216 页。

② 徐平:《大瑶山七十年变迁》,中央民族大学出版社 2006 年版,第 340 页。

第三章　屏幕化

"屏幕化"(screening)是由未来学家凯文·凯利提出来的。屏幕化指的是在科技与网络迅猛发展的今天,人们每天面对屏幕的时间越来越多的现象。实际上,不单是直接需要对着电脑的办公一族,就连体力劳动者也把大部分的闲暇时间贡献给了手机显示屏。"屏幕化"的一个显著表现就是原先不需要借助屏幕或网络完成的事情,现在变成依赖网络,甚至没有网络就完成不了了。比如社交,原本是面对面地交往交流,现在则通过大量社交软件来达成。

本章关注金秀瑶山的屏幕化现象。在六巷各村,村民会花费大量时间使用手机。这也可以解释为什么我们的田野调查显示,村民对于通信服务的抱怨中,首当其冲的就是网络信号的不稳定。本章依据手机APP应用功能的不同,简单将其分为三类,即社交软件、游戏软件和学习软件,并依次对三种APP展开讨论。笔者一方面从整体上评述相关软件,一方面侧重从六巷的具体个案出发进行分析和讨论。

第一节　手机媒介与中国乡村社会

据中国工业和信息化部发布的数据显示,截至 2018 年,我国移动电话用户总数已达到 15.7 亿户,移动电话用户普及率达到 112.2 部每百人。[①] 手机起初是作为一种单纯意义上的通信工具出现的,只在人际传播范围内起到一种符号性的传播作用,其传播方式多为手机通话、短信,传播内容较为私人化。随着通信技术和无线互联网技术的迅猛发展,智能手机逐渐普及,除通信功能以外的如即时上网、搜索定位、视音频结合等功能使得手机已经不再是单一的移动通信终端。手机报、电子书、手机上网等信息获取工具和 QQ、微信等社交工具手机客户端的出现使得手机在大众传播范围内的功能逐渐凸显出来,以其独有的媒介特质深刻改变着传统的传播方式、传播理念,并在与报纸、电视、广播、出版等传统媒体的不断交融与竞争中,对整个传媒产业格局产生着巨大的影响。

正如美国学者保罗·莱文森认为,手机之前的一切媒介,即使是最神奇的电脑也把说话和走路、生产和消费分割开来。唯独手机能够使人一边走路一边说话,一边走路一边发短信。无线移动双向交流的无限潜力,使手机成为信息传播最方便的媒介。他甚至乐观地预测,从长

---

① 　工业和信息化部:《中国无线电管理年度报告(2018 年)》(http://www.miit.gov. cn/n1146290/n1146402/n1146440/c6692260/content.html)。

远来看,互联网可以被认为是手机的副手。[1] 如今,这一预测已成为事实,根据中国互联网络信息中心(CNNIC)2019 年 2 月 28 日发布的《第43 次中国互联网络发展状况统计报告》显示,截至 2018 年 12 月,我国手机网民规模达 8.17 亿,网民通过手机接入互联网的比例高达98.6%。[2] 智能手机的普及使得传播方式转向多元化,传播内容日趋丰富。手机传播成为既包含私人化交往讯息,又涵盖公共性议题的终端性传播,成为一种人际传播与大众传播交相融合的新型传播方式。这种传播媒介的迅速发展及其在社会结构中的大规模介入,为我们带来了一个全新的社会情境,并对其中的人、媒介、国家、社会以及相互之间的关系产生了深远的影响。

《第 43 次中国互联网络发展状况统计报告》还显示,截至 2018 年12 月,我国网民规模达 8.29 亿,普及率达 59.6%,较 2017 年底提升 3.8 个百分点,全年新增网民 5653 万。农村网民规模达到 2.22 亿,农村地区互联网普及率达到 38.4%,较 2017 年底提升 3.0 个百分点,并呈继续增长态势。[3] 随着互联网覆盖范围的进一步扩大及贫困地区网络基础设施"最后一公里"的逐步打通,农村地区入网门槛进一步降低,信息交流效率得到提升。手机已经在中国农村地区普及并成为农民沟通和获取信息的重要传播媒介,成为广大农民接触和使用互联网的重要平台。人们在享受手机带来的便利的同时,手机也在深深地影响着农村的日常生活和社会文化。

---

[1] 保罗·莱文森:《手机:挡不住的呼唤》,何道宽译,中国人民大学出版社 2004年版。

[2] 中国互联网络信息中心:《第 43 次中国互联网络发展状况统计报告》(http://www.cnnic.net.cn/hlwfzyj/hlwxzbg/hlwtjbg/201902/P020190318523029756345.pdf)。

[3] 中国互联网络信息中心:《第 43 次中国互联网络发展状况统计报告》(http://www.cnnic.net.cn/hlwfzyj/hlwxzbg/hlwtjbg/201902/P020190318523029756345.pdf)。

正如保罗将手机形象地比喻成细胞，"无论走到哪里，它都能够生成新的社会、新的可能、新的关系。手机不仅有移动的功能，而且有生成和创造的功能"①。作为移动传播媒介的手机对人与社会产生的深远影响也改变着传播的结构形态，给新闻传播学研究带来新的研究课题。传统的乡村受众群体发生了怎样的变化，村民的日常生活与社会实践呈现出哪些新的特点，网络空间在多大程度上重构了生活空间，如何应对传统文化与现代文化、城乡二元结构的转型融合等等，都是当下乡村传播研究值得关注的议题。

一、有关农民工手机使用的研究

涉及手机与乡村关系最早的研究主要集中在农民工这一群体中。杨善华、朱志伟以珠三角地区农民工手机消费为切入点，指出在手机消费的过程中，"传统"和"现代"得以联结和融合，产生出一种"手机文化"，而这一过程则有可能从一个侧面折射中华文化对外来文化的包容和融合，以及随之而来的消解。他们进一步指出，农民工赋予了手机的消费和使用以"社会竞争"的意义，他们一直在用"人情"和交往精心编织一张有事时能用得上的关系网，家族中的其他成员无疑是这张关系网的优先入选者。而"新生代"农民工用手机与他人联系，并在这样的联系中表达自己的意志，确认自己的自由，从而肯定自己作为主体的存在状态。②

---

① 保罗·莱文森：《手机：挡不住的呼唤》，何道宽译，中国人民大学出版社2004年版。

② 杨善华、朱志伟：《手机：全球化背景下的"主动"选择——珠三角地区农民工手机消费的文化和心态解读》，《广东社会科学》2006年第2期。

樊佩佩则从手机对于中低收入群体的生活方式和生活形态的社会影响出发,提出手机对中低收入群体而言意味着机会、信息和资源,维系着中低收入群体中自由雇佣者和流动农民工赖以生存的核心资源。手机的特点能满足中低收入群体中自由雇佣者和流动职业者谋生的需要,在很大程度上手机可谓该群体的生产工具,促进了他们的社会流动与地位改善,成为日常社会变迁的一种推动力,体现出一种发展的意义。①

罗沛霖与彭钢旎在《关于中国南部农民工的社会生活与手机的研究》中则揭示,随着手机的广泛使用,面子、社会性别关系等等传统的文化要素在广东的农民工中正在经受冲击;与此同时,手机使农民工可以与家人保持频繁的联系,传统的亲属关系也得到了增强。农民工购买和使用手机的最初原因是为了能够与家人的联系更方便、更频繁,但当他们被这种永久性的联系吸引后,他们对家庭物质福利的关注却变得更少了。②

还有些学者虽然肯定了手机对农民工群体的积极意义,但也看到其能起到的作用是有限的。如曹晋聚焦于流入上海的家政钟点女工的手机使用情况分析,透视中国农村妇女在中国都市家务劳动市场化、社会化进程中暂时舍弃子女,离乡背井涌入都市的行为,分析其日常生活实践中如何发挥手机的功用来适应新的都市生活与家政劳动,并在异地以电话遥控的方式来监护子女的成长,履行自己的母职(mothering)。离乡务工妇女可以利用电话的即时性与互动性穿越时空维系家庭情感,对传播技术与电话产业都有创造性价值。但文章同

---

① 樊佩佩:《从传播技术到生产工具的演变——一项有关中低收入群体手机使用的社会学研究》,《新闻与传播研究》2010年第1期。

② 罗沛霖、彭钢旎:《关于中国南部农民工的社会生活与手机的研究》,见杨善华编:《城乡日常生活:一种社会学分析》,社会科学文献出版社2008年版。

时也指出，农村妇女并不能跨越自身的社会地位和社会性别身份，无论农村妇女如何使用手机，她们不能超越由城乡、地区、技术与经济的支配性力量重叠交织的生活世界。① 丁未、田仟通过对居住在深圳石厦村的湖南攸县籍出租车司机手机使用情况的田野调查也同样指出：先进的通信技术或用于共同抵御风险，或用于维系已有的、可信任的人际关系，而很少用于拓展和利用新的社会网络和社会资源。②

二、手机对乡村政治参与的相关研究

近年来，随着手机媒体在乡村的普及，其对公众线上或线下的乡村公共事务，尤其是政治参与所起到的作用也逐渐成为学界一个新的关注点。早期的研究如 2011 年庞超对农民政治参与与社会空间的考察认为大众传媒由于自身的局限性、经济效益与政治因素的影响，其介入农民的政治参与还处于一种初始状态，在充当农民政治参与渠道方面，其功能还未得到充分发挥。③ 高卫华等也指出，手机媒体为政府信息公开提供了另一种全新的方式，在政府组织处理的一系列突发公共事件中发挥了重要的信息传播作用。但同时，目前存在政府手机信息发布平台实用性低的现状，地方政府需要适应媒介化社会的要求，通过转变观念，进行技术革新，扩充实用内容、政策法律法规的规范以及服务商和网络供应商对服务程序的开发，加强手机的媒介意识和有效使用。

① 曹晋：《传播技术与社会性别：以流移上海的家政钟点女工的手机使用分析为例》，《新闻与传播研究》2009 年第 1 期。

② 丁未、田仟：《流动的家园：新媒介技术与农民工社会关系个案研究》，《新闻与传播研究》2009 年第 1 期。

③ 庞超：《和谐社会构建视野下农民政治参与问题研究》，博士学位论文，华东理工大学，2011 年，第 198 页。

另外,扩大手机媒体作为组织传播的话语权,在危机事件处理中可避免滋生谣言,强化行政管理的有效沟通。[1]

刘新利等采用民族志研究方法对拉萨市曲水县藏族村寨进行田野调查发现,手机媒体使乡村的政治面貌得以改变,村民的民主政治意识有所提高,手机成为政务信息的重要发布者。同时,作者指出,要想使手机在乡村民主政治生活中发挥更好的作用,必须提高村民的汉语水平,加强网络信息体系建设和完善农村基础网络设施。[2]

此外,在宏观层面上,陈鹏等基于 2008 年全国农村样本数据的调查研究发现,不同形式的信息传播媒介对农民温和型的政治参与行为有着显著的积极影响,但对农民的抗争型政治参与行为无显著影响,表明当前大众媒介对动员中国农民有序的政治参与行为发挥着积极作用。[3] 而对新媒体的研究表明,社交媒介中新闻的阅读有助于促进公众在线下和线上的公共事务参与性。但是新旧媒介对于公共事务参与的影响效应存在着强度和方向的差异,这一点和新旧媒介对政府信任的传播效果类似。[4] 李天龙等基于西北四省县区农村的调查数据显示,传统媒介接触强度对农村青年公共事务参与呈正向作用,而新媒介接触强度则表现为负向影响。[5] 以互联网、QQ、微信等为代表的新媒体对农村居民的公共事务的参与起到消极影响,而以报纸、广播、电视等

① 高卫华、杨兰、陈晨:《新媒介背景下民族地区手机传播功能研究——以湖北恩施市与鹤峰县实地调研为个案》,《当代传播》2013 年第 4 期。

② 刘新利、梁亚鹏:《手机媒体对西藏乡村民主政治生活影响的民族志观察——以拉萨市曲水县才纳乡协荣村为例》,《西藏民族大学学报(哲学社会科学版)》2017 年第 2 期。

③ 陈鹏、藏雷振:《媒介与中国农民政治参与行为的关系研究——基于全国代表性数据的实证分析》,《管理工程学报》2015 年第 3 期。

④ 卢春天、权小娟:《媒介使用对政府信任的影响——基于 CGSS2010 数据的实证研究》,《国际新闻界》2015 年第 5 期。

⑤ 李天龙、李明德、张志坚:《媒介接触对农村青年线下公共事务参与行为影响的实证研究——基于西北四省(县)农村的调查》,《新闻与传播研究》2015 年第 9 期。

为代表的传统媒体对公众事务的参与起到了积极影响。这是由新旧媒介的传播特点所决定的,传统媒介的信息传播是单向的,扮演了信息把关人的角色,充当了政府传声筒的角色,新媒介的信息传播呈现去中心化的网状信息流动,每个节点的人既是信息的生产者,也是传播者,并且能与他人互动,这一特性使得新媒介可以形成一个网上公共事务表达的缺场空间,削弱了他们在现实空间参与公共事务的积极性。① 对此,学者指出尽管新媒体影响了乡村社会参与线下社会事务的积极性,但另一方面,在自媒体时代乡村的年轻人也在积极通过网络、微博、微信等新媒体参与地方公共事务,这在某种程度上可以说是现代社会更为明智和高效的选择。②

　　沿着这一思路,值得一提的是牛耀红基于微观公共领域的视角,考察了一个西部乡村的移动互联网公共平台的运作故事,他指出此类数字社区公共领域通过虚拟在场将“半熟人社会”转变为“熟人社会”,“再造社区”,建构了乡村内生秩序。其本质是新媒介赋权村庄体制外精英形成媒介自组织,成了村庄的新型内生力量。媒介自组织通过移动网络平台的话语表达、媒介动员、公共行动等方式,连接了当代乡村社会中分散的“原子化”村民,促进了乡村社会的发育。并且,随着村庄权力结构的变迁,媒介自组织与村两委展开了博弈,暂时形成了相对均衡的协同治理模式。数字社区公共领域使村庄从名义上的村民自治迈向了通过网络公共参与实现的“自我管理、自我教育、自我服务”的自治模式。③

---

　　① 卢春天、朱晓文:《城乡地理空间距离对农村青年参与公共事物的影响——媒介和社会网络的多重中介效应研究》,《新闻与传播研究》2016年第1期。

　　② 李天龙、李明德、张志坚:《媒介接触对农村青年线下公共事务参与行为影响的实证研究——基于西北四省(县)农村的调查》,《新闻与传播研究》2015年第9期。

　　③ 牛耀红:《建构乡村内生秩序的数字“社区公共领域”——一个西部乡村的移动互联网实践》,《新闻与传播研究》2018年第4期。

三、手机与社会文化变迁的相关研究

对于手机与社会文化变迁的相关研究,大都采用了基于具体村落的微观个案考察的方式,其中很多选择了具有文化特色的少数民族村落。研究者大多借鉴人类学民族志的研究方法和相关理论,围绕代表现代文化的手机与传统文化、民族文化之间多元和复杂的互动,文化重构甚至社会转型等问题,积累了丰富的研究成果。

在新媒体对传统社会文化的影响和作用的讨论中,大多数研究者都持以下观点。第一,手机等新媒体对传统乡村文化和民族文化具有双刃剑的作用:一方面为其注入新的时代元素和活力,另一方面又会导致传统文化的"断裂"与"失衡",破坏乡村民族文化的多样性,导致文化趋同。[①] 高卫华等通过对恩施土家族苗族自治州与鹤峰县这两个民族地区的调查显示,手机媒体数字化推动少数民族文化传播模式转型,为受众接受传统文化提供了便利的外部条件。手机媒体数字化技术形式消解了传统媒体的资源独占,受众在信息传播中具有较强的积极性和能动性,文化传播的主动参与性强,在交流过程中促使文化传播融合主流思想与群众需求,对民族传统文化传播产生了新的影响。但同时手机高度的便携性、跨越地域性、信息收发即时性等特征,使手机受众对手机媒介关注过多,无形中遮蔽了受众对自身所处社会现实的感知,将大量时间及精力投入到手机媒介所营造的拟态环境中,使得自身对

[①] 金军:《新媒体时代武陵山片区乡村民族文化嬗变及问题对策——基于大众传媒对武陵山区民族文化生态影响的田野调查》,硕士学位论文,中南民族大学,2013年。

所处环境的认知空间受到强势挤压。这种强势的技术控制直接影响少数民族本土文化生存空间及受众的行为习惯与价值认同。① 第二,以手机为主的新媒体具有传承乡村民族文化的巨大潜力,在文化传播方面显现出巨大的功能拓展空间。

有的研究则进一步深入关注新媒体与少数民族社区的文化建构问题。他们意识到手机作为一种强势的传播力量在一定程度上消解着传统乡村社会的文化,影响着村寨文化的走向,甚至创造和建构着新的乡村社会文化。② 谭华在对少数民族村寨社区的研究中指出,当下的村落文化经历了一个从建构到解构再重构的复杂过程,通过传播多样的异质文化而在村落中建构起一种多元的文化格局,这种多元文化格局又在一定程度上解构了村落原有的传统文化,媒介文化在消解村落传统的同时又经历了一种"多重文化时空的叠合"而重新建构了一种新的乡土文化。因此,作者强调我们对于媒介环境中的民族社区文化变迁的认识,不能简单地评价其好坏,而应将变化的语境考虑在内,尊重文化创造主体自身的选择。③

正是意识到乡村社会不可避免地被卷入媒介化社会这一事实,孙信茹等学者开始采用社区发展中参与式传播的理论及方法指导少数民族村民自主地认识和运用媒介,自主地生产信息和传播信息,自主地把信息传播活动与实现社会建构有机结合,最终达成参与式的媒介和传播实践的目标。他们在一年多的时间内,指导普米族村民制作文化杂志、建立手机短信平台和开通博客、微博等工作,让村民自己总结现代

---

① 高卫华、杨兰、陈晨:《新媒介背景下民族地区手机传播功能研究——以湖北恩施市与鹤峰县实地调研为个案》,《当代传播》2013年第4期。

② 孙信茹、杨星星:《"媒介化社会"中的传播与乡村社会变迁》,《国际新闻界》2013年第7期。

③ 谭华:《大众传播与少数民族社区的文化建构——对现代媒介影响下的村落变迁的反思》,《湖北民族学院学报》2007年第1期。

媒体对他们生活及文化造成的影响和改变并分析自己在媒介参与实践过程中的得失利弊。孙信茹等人认为"村民媒介参与实践活动的意义在于增加边缘性群体在发展活动中的发言权和决策权,进而寻找乡土社会自有的发展脉络,发掘当地人特有的'地方性知识',发掘在国家统一发布声音体系之下的其他传播模式"①。

四、手机与乡村日常生活的研究

关于乡村日常生活方面近年来也积累了不少成果,学者们大多肯定了手机对当代中国乡村社会日常生活的影响,如张翠孝通过对长沙市郊的榔梨镇和黄兴镇进行实证调查和研究,指出"手机媒介像语言一样,为人们思考、表达思想和抒发情感的方式提供了新的定位,并在不知不觉中指导着人们看待和了解事物的方式",手机"正在以潜移默化的方式,重构农民的生活世界"。②温家林以中部某农村为例,考察了农民对手机的拥有和使用情况。研究强调,手机在给农民带来诸多便利的同时,也引起了传统社会秩序动摇、消费欺诈、谣言泛滥、知识沟扩大等问题。这一研究有助于我们正确认识手机对于中国农民的"双刃剑"效应。③张瑜以辽宁省铁岭市安乐村为个案,通过受众对媒介信息的接触情况分析了手机媒介作为一种新鲜事物对整个农村带来的改变和作用。作者指出,虽然手机媒介在农村已经有了很高的普及率,但是其传播功能远没有得到充分发挥,对其应用多数仅仅停留在通信功

① 孙信茹、杨星星:《媒介化社会中的少数民族村民传播实践与赋权——云南大羊普米族村的研究个案》,《现代传播》2012年第3期。
② 张翠孝:《长沙农村手机媒介研究》,硕士学位论文,湖南大学,2010年。
③ 温家林:《手机媒介在农村的"双刃剑"效应——韩家庄村手机使用实地调查》,《文化与传播》2017年第8期。

能。对此，作者提出诸如政府扶持的公共政策，加大媒介的农村传播力度，加强农村受众的媒介素养等相关对策。① 赵海英在昌五社区的研究同样强调手机对乡村生活方式变迁的作用，"手机成为农村居民的生活方式变迁的推动器，在昌五社区的迅速普及极大地改变了农民居民生活活动的内容"，她还认为，"在社会的发展历程中，从来没有一种传播媒介像手机这样对农村居民的生活方式造成如此大的影响。手机促使生活方式与人们自身互相重构，推动了农村居民生活方式从传统到现代的变迁"。②

除此之外，孙秋云、费中正从符号资本的角度研究手机对西江苗寨的日常生活的意义及其参与的社会变迁。他们指出手机在不同的时空背景下表征了不同的符号价值，这些符号价值体现西江社会的不同变迁，社会变迁背后映射出西江苗寨现代化的图景与西江人现代性的体验。手机表征经济资本的时候，刺激了西江苗寨的年轻人改变其生活轨迹，加速了年轻人外出打工的步伐；当手机表征文化资本，它以拥有者非正式权力资源为基础推动了西江苗寨传统社会关系的技术化，特别是西江的家族组织的技术化；当手机表征社会资本，参与了西江苗寨农民交往理性化的过程同时维系了返乡农民工超地理社会空间的生产。手机的意义流变成为西江苗寨社会变迁的一部分，同时也促成西江人日常生活的变迁，西江苗寨逐步现代化，西江人逐渐具有现代性。③

另一些研究则另辟蹊径，以手机与乡村文化生活的互动，手机与具

---

① 张瑜：《媒介生态试点下的东北农村地区手机使用研究——以辽宁省铁岭市安乐村为个案》，硕士学位论文，东北师范大学，2011年。

② 赵海英：《手机：农村居民生活方式变迁的推进器——昌五社区个案研究》，硕士学位论文，哈尔滨工业大学，2011年。

③ 孙秋云、费中正：《消费现代性：手机与西江苗寨的社会变迁》，《贵州民族研究》2011年第3期。

体的人,以及他们所处的社会环境、经济状况、文化差异以及社会结构等具体情境所形成的"关系"作为关注点,来探究乡村社会手机使用的独特语境。如《手机和箐口哈尼族村寨生活——关于手机使用的传播人类学考察》一文中,作者强调研究手机和村民日常生活的关联及互动,必须要充分注意到手机使用者生活语境的复杂性和差异性,这使得手机媒体在箐口呈现出不同的社会活动及文化表现。此外,作者通过对村寨中与手机相关事件的分析指出,手机在箐口有可能成为"文化表演"的核心,同时也有可能成为权力关系网络的一种载体。[①]

还有一些研究以乡村社会中的某一群体作为特定观察对象,如赵似锦研究手机使用给东乡族农村女性带来的变化和影响,指出由于受所处社会大环境的影响,手机给这一人群的自身发展带来了帮助和提升,同时也会带来苦恼和困惑。不少女性在接触手机后,认识和观念发生了转变,但是这种转变依然很难推进原有社会秩序的变更。[②] 还有蔺玉红等人以农村青少年为关注点,提出由于家长在外务工或监护不到位、网络素养教育缺失等原因,农村青少年手机上网逐渐低龄化,且网络安全意识极为淡薄。农村青少年手机上网的过程中出现越来越多的偏差行为,如果不及时纠正,将对乡村社会发展造成严重危害。[③]

总体来看,这些研究大多以特定的村落社会作为研究对象,在形式上采用了人类学的整体观,对日常生活的各个方面进行较长时段的观察,其中大多以硕士学位论文的形式完成。但需要看到,这一领域目前以效果研究占多数,即手机媒体给村民的日常生活以及社会发展带来

---

① 孙信茹:《手机和箐口哈尼族村寨生活——关于手机使用的传播人类学考察》,《现代传播(中国传媒大学学报)》2010年第1期。

② 赵似锦:《东乡族农村女性手机使用与影响研究》,硕士学位论文,兰州大学,2016年。

③ 蔺玉红、邓建高、齐佳音:《手机媒体对农村青少年成长的影响》,《新闻战线》2018年第9期。

了哪些影响,而结果大多以现代化简而论之。研究往往停留在对现象的描述和简单化的结论,比起在新媒体兴起之前学界对大众传媒与乡村社会日常生活的深描式的民族志耕耘,仍显单薄。

五、手机与乡村社会网络、人际交往的研究

当下,由于互联网与手机新媒体给人们带来空前的社交便利,也随之涌现出社会交往与社会关系的新景象。通过社交软件以及社群功能使用催生了许多新的社会关系、线上社群以及社交圈,学术界也兴起对于新"群学"的热烈研究。①

在早期的研究中,学者通过研究手机通话、短信息以及微博、微信等通信手段,主要强调其能够有效地支撑社交网络的维系,并且扩大传统的社会关系,催生社会开展更加广泛的合作及强化社会交往所发挥的作用。如田过龙、唐宁研究了智能手机移动终端对于陕西农村交往方式的影响,从就业方式、婚恋中男女交往方式、亲戚关系维系方式、消费方式等方面进行分析;②姜彩杰、刘丹③等人也以不同的案例分析了手机媒介对于人们交往方式的影响,从交往对象、交往范围、交往观念、虚拟交往模式和空间等角度,量化分析了手机媒介出现给农村社会带来的影响:一是打破了农村居民交往对象对于血缘关系和地缘关系的依赖,这种固有选择模式慢慢开始向业缘关系转变;二是社会交往范围在原有的村庄社交圈的基础上进一步扩大;三是虚拟交往模式和空间

① 姬广绪、周大鸣:《从"社会"到"群":互联网时代人际交往方式变迁研究》,《思想战线》2017年第2期。

② 田过龙、唐宁:《基于智能手机为移动终端的陕西农村交往方式研究》,《新闻研究导刊》2015年第6卷第12期。

③ 刘丹:《新工人阶级的手机传播与社会交往》,《现代传播》2016年第2期。

得以初步构建,面谈模式的影响力遭到削弱;四是手机的出现从观念上改变了村民对于社交的理解。[1]

换句话说,由于手机的渗透,乡村社会的社会交往在扩大的同时也呈现出格兰诺维特所谓的"弱连接"的特点。田宏园研究关注手机在扩大乡村社会交往范围的同时,是如何改变传统的交往方式的。村民从传统的现实交往,扩大到手机媒介技术所带来的虚拟社交。这两种交往形式共同存在、相互交叉,逐渐形成一种新型的交往形态。一方面在家庭内部,手机应用虽然促进家庭成员之间的情感交流和代际沟通,但同时在父辈与子辈之间形成了"知识鸿沟",且呈现扩大的趋势,形成两辈人之间的代沟和隔膜。另一方面,在村寨苗村的人际传播上,媒介生态环境的改变引起意见领袖的变迁,加快了信息的传播速度,提高人际传播效率。但同时,手机的信息泛滥导致情感淡漠,并且引发人际交往壁垒。[2]郭建斌也提出虽然"弱连接"不如"强连接"那么坚固,却可能具有低成本和高效能的传播效率。[3]

随着互联网社交研究的深入,一些学者开始意识到手机固然增加了媒介交往的机会,但是并不会显著地增加新的社会连接,人们的线上沟通还是基于已有的社交关系。高莉莎以在昆明打工的哈尼族、彝族农民工微信使用为观察对象,提出手机的使用重构了一个以信任为基础,以血缘、地缘、族缘为表征的,跨越乡村与城市地理边界的"移动主

---

[1] 姜彩杰:《手机媒介对农村社会交往方式的重构——以鲁南地区安太庄村为例》,硕士学位论文,安徽大学,2013年。

[2] 田宏园:《手机媒介与少数民族村落日常生活——基于黄毛坪村的田野调查》,硕士学位论文,华中师范大学,2016年。

[3] 郭建斌、张薇:《"民族志"与"网络民族志":变与不变》,《南京社会科学》2017年第5期。

体的熟人社会"。① 丁未、田仟对攸县籍出租车司机的手机使用的田野调查指出，攸县籍的出租车司机通过手机确实生成了新的关系网，他们的交往从自然村落以组、村、镇为主要范围，扩大到以整个攸县为区域；但是，这种"新的关系"是建立在高度同质化的、强关系的基础上，而且所谓的"新"其实是由旧的关系模式和文化习性建构而成，人际关系的生成机制仍然脱胎于乡土社会的血缘、地缘关系，城市新的业缘关系和新的社区生活只是一种表象，其内在的纹理仍由传统社会关系网编织而成。②

　　线上交往的日益频繁，是否在一定程度上导致了传统社会的碎片化以及人群的社会分化也成了学者们的关注点。张旭基于晋南村庄手机使用的定性和定量分析，指出手机使用使得村庄人群存在明显的分化。不同的手机使用人群对手机的使用方式和认知程度有差异，主要体现为一部分人群认为手机只是用于彼此间的联系，而另一部分的人却认为手机不仅是为了通话，同时也是为了娱乐甚至某种程度上代表着人的"品味"；以户籍分隔、职业差异为外在表现形式的社会地位的差异，已经或者正在让村庄内部人群逐渐走向分化，对村庄的稳定发展造成负面影响；由于村民本身受教育程度与自身文化素质制约也影响对人群分化的认知程度或者产生认识误差；不同的手机使用人群基于相异的经济条件，他们的手机使用的契合程度是不同的。③ 还有一些以少数民族乡村社会和独特的民族文化为背景的研究则呈现不同结

　　① 高莉莎：《"移动主体熟人社会"：基于少数民族农民工手机微信使用的研究》，《新闻大学》2018年第2期。
　　② 丁未、田仟：《流动的家园：新媒介技术与农民工社会关系个案研究》，《新闻与传播研究》2009年第1期。
　　③ 张旭：《信息化背景下发展型农村地区手机使用人群分化研究——基于晋南村庄的实证调查》，《山西农业大学学报（社会科学版）》2014年第5期。

论,如孙信茹对箐口哈尼族村寨的研究认为,手机品牌是某种身份和地位的象征这一观点,有可能形成社会区隔。而箐口大量山寨机的出现在某种程度上消解了这种区隔,反而让话语权变得更加平等。① 许孝媛等对云南省普洱市大芒东傣族村的研究也发现,傣族强调集体、趋于内聚的民族价值观致使其主要选择并放大了手机的聚合功能;手机媒介在傣族村落中所扮演的角色更多的是民族凝聚和文化认同的黏合剂,对族群分化的影响相对较弱。这不仅与城市和汉族村落形成对比,也为全球化背景下探讨文化多样性提供有益借鉴。②

徐何珊通过少数民族村寨的研究则提供了另外一种思考方式,即过去强调将现实中的社会关系网和线上的社交割裂开,作为两种对立的社交方式的研究使得结论顾此失彼。她以西双版纳傣族村寨的微信线上、线下互动的参与形式观察得出,当地傣族将微信"并接"入现实社区,现实社区和线上社区的边界已经模糊,二者互动交织在一起,打破了现实和虚拟的边界。互联网所带来的既不是原有社会组织的分崩离析,也不是一味地巩固社会的有机团结。人们在现实与虚拟、强连接与弱连接、稳定与流动的社会关系中穿梭,在多元复杂的群组中变换着多重身份。线下和线上的社会关系与组织形式,既有重叠、融合和保留的部分,又有变迁、再生产与新生的部分,且随着文化、价值取向及利益的动态变化,或涌现出更多社会关系的变化。③

---

① 孙信茹:《手机和箐口哈尼族村寨生活——关于手机使用的传播人类学考察》,《现代传播(中国传媒大学学报)》2010年第1期。

② 许孝媛、孔令顺:《强凝聚与弱分化:手机媒介在傣族村落中的功能性使用》,《新闻与传播研究》2017年第2期。

③ 徐何珊:《"微信群"与傣族村寨社会的并接——以西双版纳曼列寨为例》,《西南民族大学学报(人文社会科学版)》2019年第1期。

六、乡村手机短视频娱乐相关研究

互联网时代下手机技术的发展，不但重构了人际关系和社会网络，同样也深刻地改变着人们的娱乐方式和文化表达。由图片到视频，由长视频到短视频，便捷的获取渠道与简单易懂的操作和承载形式，让短视频 APP 应运而生。学界对短视频的研究，很少专门性地对短视频的文化影响和传播学进行解读，[1]尤其缺少对农村地区的关注，仅有零星的讨论，尚不成体系。

快手作为一个非典型的、逆向成长的本土互联网产品，与国内其他由一线城市向二、三、四线城市与农村渗透的产品不同，其创造了一个"农村包围城市"的成功案例。[2]然而，2016 年一篇《残酷底层物语：一个视频软件的中国》将"快手"及底层文化推至舆论焦点。文中提到，快手上充斥了海量的底层用户，他们拍摄并上传了低俗、简陋、粗糙的内容。2017 年与"快手"同性质的短视频社交软件"火山小视频"直接把发布会开到了农民的家里，引起人们的热议。同年 7 月新华社的"现场新闻"也入驻"快手"，并点赞"快手"深入农民拉动农村经济；腾讯公司关闭了自家的短视频平台，领投了短视频平台"快手"，使"快手"获得 3.5 亿美元投资；2018 年 3 月到 4 月，"快手""火山小视频"相继被央视《新闻直播间》《东方时空》《新闻 1+1》点名批评，并被国家网信办约谈。正因

---

① 张佰娟：《论微视频的个体表达及其文化意义》，硕士学位论文，东北师范大学，2008 年。

② 虎嗅：《中国互联网里的非典型与逆向成长》(https://www.huxiu.com/article/177703.html)。

为如此,这个被舆论视为中国农村版的"清明上河图"、中国 8 亿农民的"浮世绘"的"快手",成为短视频与乡村社会研究最佳的切入点,在涉及乡村的短视频研究中,无一例外地都集中在对"快手"的研究上。

现有的针对"快手"的研究主要是探讨其成功的原因,如翟文婷、史小兵的《快手为什么能抓住沉默的大多数?》一文认为快手之所以能够成功,最主要的一个因素就是任其自由成长;①崔梦云以河南省漯河市周边农村的"快手"和"火山小视频"软件的使用现状的实证调查指出,在农村地区,相关涉农短视频社交软件的使用对象男女比例均衡、年龄跨度大、文化程度低、收入水平低;用户通常关注猎奇类的短视频,观看与分享恶搞类的搞笑短视频。他们使用此类短视频社交软件主要是为了缓解压力、愉悦心情、加强人际关系、实现自我认同和赚取收益。而在此基础上,研究者对其影响下了相对简单且绝对化的结论,认为涉农短视频社交软件在为用户提供社交与发声平台之时,也使用户沉迷其中;低俗内容的传播对青少年价值观的形成产生负面的影响;而搞笑、恶搞、三俗等类的短视频使农村的污名化现象更加严重。②

李韩旭使用内容分析法对"快手"中的农民形象进行研究,通过客观、长期观察得到"快手"的短视频中展现的中国现代农民勤劳坚韧、开放包容、多才多艺的正面形象的一面;同时陋习难改、歧视女性、过度审丑等农民的负面形象也在"快手"中被暴露出来。研究得出虽然农民正面形象数量多,但是负面形象传播效果更强的结论。论文进一步分析认为,囿于传统导致的农民思想变化缓慢是造成这些负面形象的重要原因;为吸引更多粉丝,对获得现金打赏的过度追求也是导致农民

① 翟文婷、史小兵:《快手为什么能抓住沉默的大多数?》,《中国企业家》2017 年第 1 期。

② 崔梦云:《涉农短视频社交软件传播研究》,硕士学位论文,郑州大学,2018 年。

用户不惜牺牲农民群体形象生产猎奇、低俗内容的另一个主要原因。同时,社会对于农民的负面刻板印象也加剧了"快手"中农民负面形象的传播。对于改善短视频中农民的负面形象,作者提出,大众媒介应当摒弃城市中心主义的价值观,积极为农民群体开辟传播渠道并保障其媒介话语权,在提高媒介素养的同时,平台需要专业的价值引导。① 刘星铄等则进一步将"快手"放入城乡文化区隔的背景下加以讨论,提出正是在城乡二元文化区隔背景下,大众媒体往往只关注城市,从而缺少了乡村的声音,并说明了农村文化能够在"快手"上变得"可见"的原因。通过"快手",一种线上"不嫌弃"的乡村文化认同正在形成,而这种认同的塑造过程,是超越了政府和市场的导向,一定程度上打破了城市对于乡村的阶级想象和文化霸权。②

此外,还有研究者从乡村影像生产和表达主体变迁的角度,对"快手"的农村影像记录进行了分析,认为农民通过"快手"短视频实现了"自我展现"和乡村长期封闭的话语释放,并以一种现代性的视角展现着乡村的生活,具有审美、史料以及"认同"的价值。③

尽管关注手机与乡村社会的研究已经开展了十多年,积累了丰富成果,但是事实上,这一主题的研究还处于方兴未艾的阶段。随着手机的互联网技术和各项功能的开发与完善,移动传播正在重构着社会政治的空间结构和人们的社会认知与行为逻辑,重组人们在传播中的地位与权力结构,最终重塑我们日常生活的情景。而这一切又将提供给研究者源源不断的研究客体,以及促使研究者更好地对我们自身与社会关系进行认知的反思。

① 李韩旭:《"快手"中的农民形象研究》,硕士学位论文,黑龙江大学,2018年。
② 刘星铄、吴靖:《从"快手"短视频社交软件中分析城乡文化认同》,《现代信息科技》2017年第3期。
③ 江洋:《快手之农村影像记录分析》,硕士学位论文,辽宁大学,2018年。

第二节 形形色色的社交软件

原本面对面的社交大量被线上社交取代,是最近很短时间内发生的事情。从有线电话到功能手机,从功能手机到智能手机,中国通信革命经历了迅猛的"三连跳"。有线电话时代,通过电话线,世界任何一个角落的人可以听到你的声音。而功能手机,则不受电话线的束缚,同样可以畅聊。另外,功能手机还可以通过短信功能实现文字的传输。到了智能手机时代,借助各式各样的 APP,视频与语音的传输成为可能。这类 APP,通常被称为社交软件。其中具有代表性的是腾讯公司出品的 QQ 和微信两款社交软件。这两款社交软件,具有包括文字、图片、语音和视频的交流与传播等基本社交功能。此外,这两款社交软件还不断开发大量附属功能,如微信公众号及小游戏等,将社交与娱乐融为一体。除这一类较为传统的社交软件外,近一两年还兴起较具娱乐性的视频类社交软件,如抖音等。这类视频分享软件兼具较强的社交功能,我们也归到社交软件中加以讨论。

从我们在六巷乡的调查来看,社交软件是村民智能手机中安装的最为常见的软件。尤其是微信,我们调查的村民,凡是使用智能手机的,几乎都装有微信。在这一节,我们希望考察微信、抖音等具有社交功能的 APP 在村民的日常生活交往中扮演了什么角色,是无足轻重的娱乐,还是举足轻重的社会交往? 它们对村民产生了正面的影响,还是负面影响? 村民对它们是欢迎,谨慎观望还是抵制反对?

一、无所不在的微信

　　微信是为智能移动终端提供即时通信的免费应用程序,2011 年由腾讯出品和发行。不同于腾讯公司推出的 QQ 社交软件,微信社交软件是始于熟人的一种社交软件,微信通过匹配通讯录的方式,邀请和添加好友,这样使得微信用户具有较强的忠诚度。继而,微信也可以进一步拓展到陌生人社交。与此同时,微信也有多样化的传播形式,包括文字传送、图片传送、语音传送、视频传送、网络连接传送等等。微信也有更为丰富的同步互动功能,如语音聊天和视频聊天等。而微信群则使得微信又兼具群体互动功能。微信朋友圈,则使得微信兼具公共传播和自我展示的功能。各种形式的公众号,还使得微信成为知识和信息的传播者。因其多样性和丰富性,使得微信的用户群体非常庞大。根据腾讯公司公布的 2019 年第一季度业绩数据,微信的月活跃账户数已达 11. 12 亿。

　　微信的出现不断地改变着人们的社会交往方式。年轻群体不断尝试腾讯公司陆续推出的各类微信应用功能。微信的基本功能操作起来较为简单,因此也同样受老年人欢迎。从我们的调查来看,六巷乡的老人较为常用的微信功能是点对点的语音信息传输。比如,与亲朋好友甚至陌生人语音聊天,在瑶歌微信群中发送自己唱瑶歌的语音片段或收听别人的瑶歌语音片段。

　　在此次田野调查的过程中,我们专门针对微信做了一次较小规模的问卷调查,主要调查内容包括微信的使用动机、使用频率、个人偏好等,同时也通过访谈的形式对微信的使用给个人生活带来的一些变化做了分析。接受问卷调查的微信使用人数为50位,其中6位为12~19岁年龄段,13位为20~29岁年龄段,11位为30~39岁年龄段,8位为40~49年龄段,2位为50岁以上年龄段。我们对调查结果进行了简单的统计分析。

首先是对微信使用动机的调查。我们的前期调查显示,安装微信的动机并不是单一的,因此我们提供的选项是复选。我们得到的结果较为有趣。其中动机选择比例最高的是"同学、朋友都在使用"(70%)。换言之,大部分人下载和使用微信的最初动机乃是跟风和从众。他们的基本心理是"由于周围人都使用,因此我也觉得应该下载和使用微信"。可以说,微信类似一股时代潮流,每个人都试图从众,而不落伍。除此之外,还有约35%的村民认为他们的下载动机之一是出于好奇。当然,下载动机中也有很多是出于微信的基本文字和语音聊天功能(40%)和视频聊天功能(20%)。不过,值得注意的是,虽然大部分人的使用动机是从众,但是,当他们在从众压力下下载微信程序后,他们大多没有在后期选择删除,而是继续使用,甚至很多证据表明,大部分村民对微信的依赖性正在逐步增强。

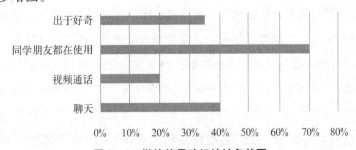

图3-1 微信使用动机统计条状图

接下来是微信使用频率的调查。调查结果显示,每天非常频繁使用微信的接近调查对象人数的一半(47%)。每天至少使用一两次的大概占33%。余下约20%的调查对象表示他们使用微信的频率不高。其中,有约13%的村民宣称每周使用一两次,还有7%的村民说他们安装之后很少使用。从上面数据可以看出,大部分村民实际上每天都在使用微信(占比80%)。这也从我们的田野调查得到印证,村民闲暇时几乎都以手机为主要消遣方式,其中又以微信使用最为普遍。

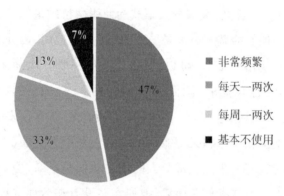

图 3-2 微信使用频率统计饼状图

在微信功能选择方面,语音聊天是金秀村民使用微信的一个首选功能。我们的调查显示90%以上的微信用户在使用这一功能。语音聊天对不太识字的金秀老年人来说是个福音。此外,对于爱好瑶歌的老人而言,用语音传送瑶歌是一种重要的娱乐。此外,有约一半的村民会使用朋友圈功能。我们的调查显示,很多中年人热衷于关注腾讯新闻和微信公众号(占全部调查对象的30%)。年轻人有一些使用微信上"附近的人"和"摇一摇"功能添加陌生人为好友(占全部调查对象20%)。微信支付功能的普及率在六巷不高,大家还是习惯使用现金,一些村民担心使用微信支付会被骗。使用微信支付功能的主要是年轻人(约占全部调查对象的 20%)。不过,从我们的个案调查来看,村民也在慢慢尝试接受微信支付。一位村民告诉我们:"我看到从外面来我们大瑶山旅游的人都用微信支付。我也想用,就是不知道安不安全。"这似乎传达了一种信息:他们可能正在通过谨慎地考察以决定是否"拥抱"微信支付。而一些较为新颖的功能,比如位置共享、微信购票等,则几乎很少人使用。我们的调查显示,即便是外出务工的人也很少使用这些功能,只有一些大学生或高中生使用(约占全部调查对象的 5%)。

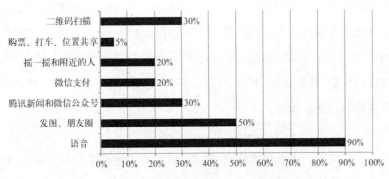

图 3-3 微信使用功能统计条状图

二、微信与人际关系

我们在调查中非常关心村民对微信使用的态度和看法。通过文献阅读和理论分析,我们曾提出如下假设:微信使用占据了村民较多面对面交流时间,因此影响村民正常社会交往,并据此进一步推论假设:微信影响村民正常社会交往，因此村民对微信持负面消极评价。我们通过质性研究发现，在六巷瑶族现实生活中，上述假设并不成立。这就是说，大部分村民认为，微信不但不会影响正常社会交往，甚至一定程度上对正常社会交往有一定助力。

我们在六巷若干村落调查时，大部分村民表示，他们非常喜欢发送微信。对于语音传送，他们感到非常亲切，"好像就在我身边说话"。而对于喜爱瑶歌的人而言，语音传送更是连接了彼此难以见面的有共同瑶歌爱好的人。一些能够使用文字进行微信聊天的村民也同样表达了文字社交的好处。他们认为平时自己不愿意和不好意思说出口的话都可以通过微信发送文字的形式来完成。一些村民说，微信文字有利于与较为亲密的儿女、伴侣、朋友进行深层次的交谈，从而巩固了现实生活中的人际关系。六巷村刚结婚不久的 LXX 是较早的微信使用者。她告诉我们，她很喜欢用微信发送消息，自己也教会了很多朋友使用微信的许多功能。她说：

> 我和老公都是农民，在家里做工。在刚刚结婚的那个年代，我们的手机都不是智能手机，只能用来打电话。平时我和老公的话也是比较少的，可是自从下载微信之后，和老公的联系增多了。现在老公在外干活，喊他回家吃饭我们都是发送微信。而且还会把"老公"的称呼也叫上，这要是换作以前，我是不会主动喊他"老公"的，一般都是直呼其名。现在不仅仅如此，我们还会在文字后面加上类似玫瑰花或是可爱之类的表情包。

我们的调查也显示，在六巷，有较多村民使用微信朋友圈。实际上，朋友圈通过构建以自己为中心的虚拟社区的方式，从而达到一定程度上超越自身实际所处社区的作用。通过微信朋友圈的分享、点赞和评论，形成一个以自身为中心搭建起来的关系网，这张"网"中既有现实中的人也有不与自己发生实际交集的陌生人。朋友圈至少在如下两个方面发挥了重要作用：

首先，朋友圈是一个展示自我的平台。朋友圈是向自己的"虚拟关系网"进行展示的平台。使用者还可以通过各类设置对可见朋友进行更细致筛选，以达到展示给特定某类人浏览与评论的目的。通过朋友圈展示，可以让自己成为"更好的自己"。

其次，朋友圈也有利于加强亲友之间的感情。现代社会是一个经济全球化的社会，随着社会发展水平的提高，人们的生活节奏越来越快，每个人都在为自己的生计和发展而奔波，个体之间的感情交流也是越来越少，利益关系逐渐占据人们的生活，伴随而来的是人与人之间的冷漠和距离感的增强。微信朋友圈是微信的主要功能之一，在感情沟通方面起到了巨大的作用，大多数的微信使用者表示，微信"朋友圈"能对亲人和朋友间的交流互动起到帮助作用，朋友圈的互动能够增进对彼此之间生活近况的了解。比如我们访谈的对象 HT 告诉我们：

我的微信好友特别多，除了亲人和同学之外，我到外地打工，和自己有相同爱好的陌生人也在微信上认识了一些，我在微信上也加了不少。我常年在外打工，平时和家里的朋友一般都很少联系，有的朋友很长时间没有联系，现在也不会主动去聊天。不过，自从有了发朋友圈这个功能，看到好朋友在发朋友圈，自己会主动点赞，自己也是主动在朋友圈和他互动，有的时候看到朋友的自拍照也会前去吐槽几句，有说有笑，长此以往，不少平时联系少的朋友也渐渐熟络起来。

微信红包功能也在六巷村流行。不过，此功能的主要使用群体是中年人和年轻人。传统红包不仅仅是一份新年的礼物，也是中国人情、礼数的表达方式。建立在社交平台上的微信红包，将支付和社交功能融合起来，以表达人们相互间的情谊，一个金额不大的红包（单个"普通红包"数额设置最高额度为200元），可成为表达情感的重要方式与桥梁。现实生活中，几百元的现金红包都羞于送出，而只有一元的微信红包却足以让一个微信群成员欢呼。一位年轻村民告诉我们，她有个亲戚群，逢年过节大家都会在里面发红包，"虽然往往只有几毛钱或几块钱，但是有时手慢没抢到，就瞬间感觉'损失了几个亿'"。

微信红包实际是将中国传统习俗融入现代科技的典范之一。因此，微信红包推出后，一方面满足了年轻一辈的科技狂热心理，一方面也满足了中老年人对传统留恋的热情。因此，微信红包一跃成为中国人重要的网上社交活动之一。

我们在六巷村度过了2019年的春节，目睹了微信红包在村中的流行。一方面，六巷乡村民也会延续传统礼节进行红包互动。传统意义上的红包，是每逢佳节的时候长辈给予晚辈的零花钱。与传统意义上的红包相比，微信红包具有很多独特性。比如，微信红包具有资金数额随意，甚至可以只发一分钱的红包，也可以在微信群中同时发送很多红包，每个红包金额甚至可以直接由系统随机分配。再如，微信红包可以随时随地发送，不受时空限制。又如，微信红包不以年龄、辈分等为运作基础，换言之，微信红包可以是长辈发给晚辈，也可以是晚辈发给长辈，也可以是下属发给领导，甚至可以是发送给群里的陌生人。微信红包甚至充当了一些微信群的润滑剂，微信群很久没人聊天了，那么群主发一个微信红包，可以成功开启一轮微信群聊。六巷一家饭店老板娘LXS是微信红包爱好者，她说：

我原先不知道怎么发红包,最先给我发红包的是我的女儿。我有一次过生日女儿给我发来了一个两百块钱的红包。那个时候,我只会收红包,还不会发。后来,女儿教会了我怎样发红包。现在自己也会在群里抢红包,在过年过节的时候,群里只要没有人说话,就会有人开始在群里发红包,然后就有人出来抢。我还专门让女儿给我的手机微信上设置了一个红包提醒的声音,一有人发红包,我就能第一时间去抢。我们都不分辈分地在群里发红包,无论金额大小,大家都抢得很开心,大家平时闲着无聊的时候也会在这个红包群里面互动。

微信红包在出现的这短短几年间,一直受到微信用户的青睐,发红包已经成为人们日常生活中的一种习惯,流行于人们的工作和生活当中。微信红包的出现让朋友圈更加活跃,人们在微信上发红包和收红包的过程中不断地加强互动交流,增强了彼此之间的情感交流。

三、抖音成为"新宠"

近几年,视频社交软件成为中国网民的"新宠"。2019 年 2 月,中国互联网络信息中心(CNNIC)在北京发布的第 43 次《中国互联网络发展状况统计报告》显示,截至 2018 年 12 月,我国网民规模达 8.29 亿,其中,短视频用户规模达 6.48 亿,占比 78.2%。[①] 其中字节跳动公司旗下的抖音是目前较为火爆的一款短视频社交软件。按照抖音官方的定

---

① 中国互联网络信息中心:《第 43 次中国互联网络发展状况统计报告》(http://www.cnnic.net.cn/hlwfzyj/hlwxzbg/hlwtjbg/201902/P020190318523029756345.pdf)。

义："抖音短视频，一个旨在帮助大众用户表达自我，记录美好生活的短视频分享平台。应用人工智能技术为用户创造丰富多样的玩法，让用户在生活中轻松快速产出优质短视频。"抖音的自我展示方式与微信朋友圈类似，但是又有不同，比如抖音的自我展示原则是完全公开的，不像微信朋友圈的访问限制；此外，抖音展示内容被限定为 15 秒内的短视频，而微信朋友圈则可以是纯文字，也可以是图片、文字，或短视频、文字，抑或是网页超链接等。表面上，抖音展示内容似乎很受限，但是短视频在注重快餐娱乐的"读图时代"往往易为网民所接受。事实也证明，抖音发展为一个现象级的短视频 APP。抖音是由歌曲和视频结合起来组成 15 秒视频的娱乐性社交 APP。抖音视频所展示内容不单单涉及音乐、舞蹈、旅行和各种艺术文化，很多年轻人还会将自己的感情生活和工作经验等以短视频的形式发送上去。短短的一个视频，若引起观看者共鸣，往往只需要几秒钟的时间便能获得上百万个赞，几十万条评论。短视频发布者往往瞬间有明星的感觉，获得极大满足感。人们在视频里留言，可以把自己的真实想法表达出来，释放自己，再与其他用户进行互动，收获满足感。其实，互动本质源于交流的渴望和欲望，内容核心要素引起的表达交流欲望涵盖共鸣、好奇、矛盾、争议、情绪感染、趣味性等。每个视频发布者都渴望被关注，每个视频发布者及其视频内容都可能被点赞、被感谢、被认可、被追随、被模仿、被当作意见领袖。

在六巷，抖音也拥有大量的使用者。听上去，抖音是一款年轻人才爱使用的 APP，但实际上抖音用户并没有明显的年龄倾向。抖音视频具有短、新、快的特点，容易吸引人，甚至容易使人上瘾。此外，简单的操作流程，使得中老年人都可以轻易上手。打开即可观看，左滑进入下一个视频，双击屏幕就可以给他人点赞。这可能是能够吸引中老年人的一个重要原因。我们在六巷调查时，很多中老年人在玩抖音。在六巷村开猪肉铺的大爷 LS，一边给我们展示他的智能手机界面，一面诉说了他的"抖音历程"：

> 我下载的手机软件很少，自己平时也不会用。这个抖音短视频是孙子给自己下载的。自己年纪大了，很多东西操作不来，但是抖音短视频只要打开便可以观看视频，用手指头刷一下就能看到下一个视频，操作比较简单，我闲着的时候就会上去看看。

还有一个特别重要的原因是抖音具有社交功能。这不单指发布短视频的人可以通过被点赞、被关注等方式获得交流需求和满足感。观看者同样可以得到社交满足。我们访谈的 HPH 是一位在校的高中生。他告诉我们：

> 我以前是不玩抖音的，是最近才开始刷抖音，以前看视频都是从优酷和腾讯这些地方看。抖音还是同班同学推荐的。我没有拍过，但是喜欢看。我也很喜欢去看评论，比较搞笑。有一次在评论里和人互动，最后还互成粉丝，虽然大家都不认识，但是聊得来。

社交功能使得抖音逐渐发展为具有较高凝聚力的虚拟社区。抖音深谙"参与"的价值。"参与"指的是成为共享的社会实践的一部分，而不仅仅是参与网络平台或网络内容，从这个角度看，参与不只是主动加入，还包括共享实践和文化的一部分。① 抖音用户在抖音平台上根据

---

① 亨利·詹金斯、伊藤瑞子、丹娜·博伊德：《参与的胜利：网络时代的参与文化》，高芳芳译，浙江大学出版社 2017 年版，第 11 页。

自己的兴趣爱好逐渐形成自己的社区。随着抖音用户的不断增多，大家把抖音社区或是在玩抖音的朋友称之为"抖友"，他们有着共同的兴趣爱好，私下里有时候还会组织"抖友见面会"，逐渐形成一个新的社交圈。又或者是以某种特殊的符号或是语言联系"抖友"，比如在网络上抖音的暗号就是"滴滴，滴"。这是一种比较简单的暗号，同时也方便找到"抖友"，以此强大的凝聚力构建自己新的社交圈。门头村村民LK在家里做微商，经营瑶山土特产。她深谙网络的商业价值，她告诉我们：

> 我现在是抖音的资深用户了，而且还认识抖音经纪人。我们做微商，以前在微信朋友圈与客户互动，现在抖音那么火，也想在抖音上开一个网红店。我正准备找在抖音认识的卖类似产品的人合作，做一个团队销售，相信集大家的智慧，会把这个生意做得很好。

LK的老公HYG也在一起做瑶山土特产微商。听到我们聊抖音，他也忍不住插话：

> 我家车背后贴了一个抖音的标志，平时在路上开车，遇到同是贴着抖音符号（的车），就会按喇叭打招呼，同时也会得到对方的回应。

抖音带来的社会交往是全民的狂欢，在抖音平台，每天不间断地更新视频，视频发布非常迅速，互动更是广泛。而抖音的发布者，也在流量"加持"下，成为"网红"。和明星一样，"网红"们也具有很强号召力。

与此同时，抖音上用户还是以青少年为主，青少年心智还未完全发育成熟，未形成正确的价值观，不良的内容对青少年的影响很大。笔者在调研中发现，在使用社交媒体的过程中，抖音、快手等短视频社交软件上的低俗化内容为人所诟病，部分青少年的言行很容易受到网络信息的影响，他们开始模仿视频上的内容，并严重影响自己的学习和生活。我们访谈的一个初中生 HZD，虽然年纪轻轻，但是从交谈得知，他目前已是抖音"资深用户"：

> 我很喜欢刷抖音。我还在上面跟着视频模仿了很多的动作。……我还买了好几双抖音网红推荐的同款鞋子。可惜，买了不久就坏了。但是，我觉得鞋子很好看，所以坏了也无所谓。前几天，我在抖音视频上看到了一种雪碧加江小白的网红酒，后来我偷偷去买了，然后自己兑着喝。哈哈！我差点喝醉了。

第三节　手游与社交

"屏幕化"一方面使社交被越来越多转移到线上，在虚拟社区，个人获得更大满足感；另一方面也表现为娱乐的线上化。本节关注智能手机上的重要娱乐形式之一的手机游戏。随着智能手机不断更新换代，手机硬件和软件不断创新，智能手机的娱乐功能，特别是游戏 APP 的使用和开发日新月异，目前成为手机发展和电子游戏变革的新趋势。据某网络平台发布的《2018 年年度手机游戏行业研究报告》显示，近年来，经国家新闻出版广电总局审批的国产网络游戏中，手机网游是主要构成。以 2018 年 1 月至 3 月的统计数据为例,国家广电总局公示审批的网游 1927 项,其中手机游戏占 1872 项,占比 97%。① 可见,手机游戏已成为网络游戏的绝对主导者。实际上,随处可见的"低头族"很多就是在玩手机游戏。

在六巷乡,手机游戏同样非常盛行,手游群体主要是青少年,尤其是正在上学的初中及以上学生。这些学生拥有手机,而且不受父母管控,又有不同程度的学习压力,手游成为一种放松和娱乐的重要方式。

在六巷田野调查期间,最受欢迎的是当时在全国手游市场最为流行的"王者荣耀"和"绝地求生:刺激战场"(俗称"吃鸡游戏")两款游戏。当然,也有部分人群,尤其以常年在家的中年和青年村民为主,爱玩"手机麻将""欢乐斗地主"等棋牌类游戏。

"王者荣耀"是由腾讯游戏天美工作室群开发并运行的一款运营在 Android、iOS、NS 平台上的 MOBA 类手机游戏,于 2015 年 11 月 26 日在 Android、iOS 平台上正式公测,游戏前期使用名称有《英雄战迹》《王者联盟》。

"王者荣耀"游戏是 dota 手游类,游戏中的玩法以竞技对战为主,玩家之间进行 1 对 1、3 对 3、5 对 5 等多种方式的 PVP 对战,还可以参加游戏的冒险模式,进行 PVE 的闯关模式,在满足条件后可以参加游戏排位赛等。"王者荣耀"平均是十多分钟一局,比之前《英雄联盟》的时长缩短了大概半个小时,无论在何时何地,人们都可以用手机来玩。现在,在公交车、地铁、饭店等地随处可见人们在玩"王者荣耀"这款游戏,可谓是相当火爆,很多人的休闲时间被这款游戏占据了。

对于课业繁重的学生群体而言,手机游戏是一种放松方式。一个

---

① 国家新闻出版广电总局:《国产网络游戏审批信息》(http://www.gapp.gov.cn/govservice/1980.shtml)。

还在上初中的资深"王者荣耀"玩家 LTX 这样和我们描述他的游戏时间：

> 我在学校一般是课间休息的时候玩，我们学校课间休息 15 分钟，也是刚刚差不多够我玩一局游戏！所以，一下课，我们就会叫上一群同学"开黑"（注：流行语，意思是"开始玩'王者荣耀'了"）。基本上每节课课间休息的时间我们都会玩这一款游戏。平时在宿舍休息的时候，只要大家一闲下来，我们就不约而同地拿出手机，打开这款游戏。若是谁忽然打电话或是有急事的时候，我们就会同时点投降，这个游戏只要四个人同时点投降游戏也就结束了，也不会耽误到我们平时的事情，而且游戏的输赢我们也不是很在乎。

不过，目前为止，玩手机游戏的村民并不多。很多人忙于农活，平均每天干活时间接近十个小时，平时休息时间比较少，比较疲惫。为此，村民同样需要参与各种娱乐活动以纾解压力。由于缺乏公共或商业娱乐设施，村民较为常见的娱乐多是三五成群聚在一起喝酒或打牌。不过，手机游戏也正在被一些村民接受，比如年轻村民 LD 就说：

> 我自己是种砂糖橘的。平时很少有休息时间，一般都是在果树林里。早上起床吃过早饭之后，打包午饭到果树林里，差不多一整天都是呆在林子里面。在林子里闲下来的时候自己会打"王者荣耀"。我感觉玩这个游戏还是比较放松的。其实，我自己以前没怎么玩过游戏，但是我觉得这个游戏操作相对简单一些，也比较好玩，而且时间比较短，在里面"杀"到人感觉还是比较爽的。中

午在林地玩得比较少，怕手机电池不够用，有时候晚上自己会玩上几把。有时候玩着玩着就过去了好几个小时。玩游戏真是个放松的好办法，玩了几把游戏之后睡觉更好，睡得香。

有意思的是，"王者荣耀"等一类手机游戏除基本游戏功能外，往往还有重要的社交功能。"王者荣耀"通过社交网络建立了多达两亿的全国各地的玩家群，建立了一个庞大的游戏交流圈。游戏加入了相对较多的社交元素，加速了游戏在社交圈传播的可能性，游戏英雄的设计也是贴合大众的喜爱。比如，一些游戏用语也被运用到日常生活语言中，如"猥琐发育""别浪""人在塔在"等。又比如，游戏者在游戏里获得 MVP、大杀特杀、五杀和超神等会截图并分享到朋友圈和微博等社交平台上去，从而带动人际交往。

更特别的是，"王者荣耀"等游戏由腾讯公司推出，而腾讯公司又同时坐拥微信和 QQ 两大社交媒体。因此，腾讯公司很好地将游戏和社交软件进行"深度结合"。比如，"王者荣耀"需要多人一起玩，那么，当你要玩"王者荣耀"，只要是你通讯录里面所加的微信或是 QQ 好友，只要对方在线，你都可以邀请对方加入游戏对局。而这也是促成社交的重要功能。喜爱"王者荣耀"的初中生 LTX 就深有体会，他说：

　　我玩游戏的时候，一般都会邀请好友一起来打。我第一次玩这个游戏的时候，是我的一个同学发送了邀请给我。一开始我不知道是谁，后来一看，原来是自己班的同学。其实，我们两个平时休息的时候都不怎么交流，自从那次我俩一起打了游戏之后，现在也是会经常在一起打游戏，平时课余时间在一块交流的时间都变长了。我还发现，我平时不擅长和别人聊天，自从玩这个游戏之后，认识了很多人，也和一些同学加深了关系。

"王者荣耀"通过组队的形式进一步满足了大众玩家的需求，人们一般很少"单兵作战"，都是邀约自己的好朋友或是同学一起进行，使得原本的"熟人社会"联系更加紧密，使得可能并不熟悉的"点头之交"成为"熟人"。

此外，"王者荣耀"还有语音功能，游戏者可以一边打游戏一边聊天交流。这些交流主要是关于游戏协作的交流。但是，也有较多游戏者的交流范围不止此，还涉及工作、生活、情感等方方面面。六巷的在校大学生 LZY 告诉笔者：

> 我现在在桂林读大三。以前高中的好朋友都不在一起。比如，跟我玩得最好的一个闺蜜，她也在外地上学，我们平时见不到面，聊天都是通过打电话或是微信聊天来进行。后来，我俩都下载了"王者荣耀"，现在我们很少打电话或是发微信了。只要进入游戏，我们就可以开始聊天。我们会聊一下生活上的琐事，比如最近看了什么样的电视剧，最近买了什么样的衣服、包包或其他的东西。自从有了游戏，我们在一块交流的时间越来越长，关系也变得越来越密切，弥补了我们的地域差距，增加了更多的共同话题。

上述两个案例，较为清晰地展示了手机游戏是如何参与到社交中去的。这与我们通常所认为的手机游戏不利于社交，会造成封闭的社交环境的看法不同。手机游戏与社交软件的结合使得手机游戏具备了重要的社交功能。由此，我们对手机游戏的看法也需要进行同步"更新"。

此外，部分村民表示通过游戏可获得一些情感上的满足。一些平时不善社交，私下很少与人交流，缺乏自主性的人，在游戏里反而能够掌握更多的自主性，还能够引导其他人。我们访谈到的一个较为极端的案例是一位小学六年级学生 HZY，他就直言不讳：

> 我玩游戏的时候经常会骂人，平时在生活中自己是不会去骂人的，而且平时在学校也是经常被老师骂的，自己有时候会觉得比较憋屈，所以玩游戏的时候有人坑自己，或是故意"送人头"，我就会骂。自己打王者荣耀的时候喜欢走中路，玩法师，一般都能指挥其他玩家来进行团战。自己还是比较满足的，因为平时在生活中，基本上不能指挥别人干事。游戏里，那种感觉很好。

与"王者荣耀"一样，另一款颇受欢迎的手机游戏"吃鸡游戏"也是腾讯推出的游戏产品。"吃鸡"手游和"王者荣耀"手游一样分各种段位，包括黄金、铂金、钻石、大师、王者之类的段位划分，这也成为在游戏圈里向他人炫耀的一个重要依据，谁段位高谁就厉害，打游戏时候更加具有指挥权和话语权。很多时候，不少的玩家会不惜花费大量的时间和精力去提升自己的段位，努力成为受人崇拜的对象。在外务工的六巷年轻人 HT 说道：

> 我高中就辍学回家了，现在在广东打工，过年这段时间回家。我的业余时间主要还是花在手机上，特别是手机游戏。我很多时候都是通宵打游戏，玩的主要就是"吃鸡游戏"，自己现在段位比较高了，已经达到荣耀皇冠这个段位，马上就能到最高段位——超级王牌无敌战神。自己平时玩游戏都是想着提高自己的段位，现

在有不少的人让我带他们,帮他们上分。我的女朋友就是打游戏
认识的,天天喊我带她上分,说实话,我特别享受这个过程。当然,
在打游戏的过程中,跟其他人交流时,我也会得到了很多的称赞和
崇拜。

很多人下载"吃鸡"手游是为了追求紧张刺激的游戏体验,在 3D
画面营造的战争场景下,玩家能很快地融入游戏里去,获得情绪疏导。
六巷村年轻的 HZD 说:

"王者荣耀"和"吃鸡游戏"是我玩得最多的两个游戏。我最开始
玩的是"王者荣耀",最近"吃鸡"玩得多一些,以前没玩过"吃鸡"。我
记得最开始是微信小程序推荐的,后来就下载了。后来我发现,我的
很多朋友都在玩。这个游戏会根据玩家水平匹配相同段位的玩家,
紧张刺激,所以我心情不大好的时候就会去玩这个游戏。

不过,网络的虚拟性加之手游的社交功能,导致手游过程中常有网
络诈骗发生。近年来,相关的新闻不绝于耳。HZD 就谈到自己身边的
一个案例:

我是吃鸡的忠实玩家,玩了好几年了,自从游戏上市便开始
玩,但是自己段位不高。我经常会用语音和陌生人聊天,一开始觉
得很刺激,自己从没有见过的人和自己聊得很嗨,紧张又刺激。同
时,游戏和交流时间长了,感觉比较亲近,还会加好友,平时不玩游
戏也联系。但是,你也知道,诈骗就可能由此发生。我倒是还没遇
到过,但是我同学遇到过。我同学跟那个骗子加了好友。骗子说,

自己是做淘宝店的,让我同学帮忙刷单,给好评,每单能获取一定的费用。可是,后来不知道怎么搞的,我同学被骗了两千块钱。到最后也没有追回来,只能自己吃闷亏,自认倒霉。这事搞得我现在玩游戏的时候很少会主动加好友,别人加我我一般也很少同意。

众所周知,麻将等带有不同程度赌博性质的游戏日渐成为农村地区节假日的重要消遣。2019 年六巷村春节期间,笔者就注意到聚众打牌或赌博的现象较少,但与此同时,线上麻将却如火如荼。六巷村小学的 LH 老师就关注到这种现象:

> 我们现在(线下)赌博的人是越来越少了,现在都是在手机上玩,一般都是先下载一个手机 APP,叫"欢乐麻将",里面有"柳州麻将"的选项,在里面建立一个房间,四个人就开始在里面打麻将,输赢的钱是通过建立微信群发红包。有时候,有的人输钱了,不发红包或者直接退群,一般由房主来支付这一笔钱。不过,这种情况比较少,因为一般群里的人大家都相互认识,很少会出现这种情况。你也知道,现在政府、派出所管理比较严格,大家很少在家里或是哪里集中赌钱,很多时候都是通过微信好友建立房间的形式来进行。

第四节　网络与学习

网络带来的大量信息与知识不但可以提供宽广的社交和娱乐平台,同样可以提供丰富的学习资源。笔者在此次田野调查中也同样关注了老师、学生乃至村民如何运用网络与多媒体提升自身的现代知识水平。

目前，中国城乡各方面差距比较明显，加之一段时间以来集中化的教育政策，使得教育的城乡不平衡较经济发展不平衡更为显著。在六巷乡的一些学校，与相对缺乏的硬件设施相比，师资的缺乏更为严重。在六巷乡九年一贯制学校，年轻教师凤毛麟角，非常缺乏。师资力量的薄弱导致不少六巷乡的村民选择将小孩送到桐木镇的学校或其他师资力量相对雄厚的学校。

不过，近几年网络与多媒体的介入或可为六巷乡的中小学教育带来一丝转机，最为明显的是多媒体教学技术的使用。随着科技的发展，如今教师在课堂上的教学方式也在不断发生着变化，多媒体教学已经发挥着不可替代的作用。多媒体教学使学生获取、利用交互信息的渠道豁然开朗，既能听其声，也能见其人，彻底改变了人们交流、学习、生活和工作的方式。同时，多媒体技术手段的使用，使得教学更具实效性，能够大大提高课堂教学效率，极大地丰富了课程内容，改善了教学环境，也提高了教学的质量。教师运用多媒体技术，把文字、图画、声音、动画、场景片段等展现在学生的面前，也极大提高了学生的学习热情。

在六巷乡，除门头村有一所仅提供学前教育的学校外，全乡就只有位于六巷村的中小学一体的九年一贯制学校"六巷乡中心校"。笔者观察到，该中心校有部分教室配备多媒体教学的相关设备，并且，该中心校实现了无线网络的全覆盖，配有计算机房供学习计算机知识。不过，我们在与中心校部分教师交流的过程中了解到，多媒体教育还是存在着不少问题。

第一，僧多粥少。配备多媒体教学设备的教室数量比较少。在中心校，多媒体教室只有两间，只能是涉及公开课或是高年级学生补课的时候才能够用到。有时候老师精心准备了多媒体教学课件，不能第一时间展现在学生面前，严重影响教学进程，也挫伤了教师教学积极性。甚至，有时候多媒体教室的使用紧张还引起老师之间的矛盾。

第二，能操作多媒体教室设备的教师不多。在六巷中心校任教的很大一部分是原来的老教师。这些老教师习惯通过黑板进行教学。现在的多媒体教学设备的使用他们并不熟练，而且很多老师的课程比较多，有时一个老师就负责一个班所有课程的教学，任务较重，没有时间去研究这个多媒体设备的教学方式。由此就导致了僧多粥少，多媒体教室配置不够，而熟练操作多媒体设备的教师又缺乏的矛盾局面。

第三，教育主管部门和学校对推动多媒体教育积极度不高。一些老师只有在开展公开课的时候才偶尔使用多媒体授课。不过，由于学校监督不到位，很多老师在提交备课方案时只要提到"多媒体教学"的使用就行，至于后面的教学是不是真的用，就没人管了。

第四，缺乏多媒体设备的维护与修理人员。多媒体设备、电脑或投影坏了之后无人修理，只能弃之不用。而这些多媒体教学设备如果没经过很好的维护，其使用寿命和使用效果都会大打折扣，甚至不能正常使用。

在访谈过程中，LH 老师说：

> 我是去年参加工作的，是三年级的班主任。现在学校里像我这么年轻的老师只有两位，我们都会使用多媒体教学，但是用的频率不高。学校里的多媒体教室不多，就只有两三个。而且平时学校领导也不要求使用，所以很多时候还是在黑板上授课。老教师就更不用说了，很多都没有接触过电脑，也不会使用多媒体设备，

有时候上公开课也是找我们两个年轻的老师去帮忙。设备坏了，我们会上报学校，但是上报之后，便没了下文。校领导很不重视多媒体的教学工作，平时多是为了应付上级派发的任务，天天都是填表，无暇在教学质量的提升上下功夫。

除多媒体的使用外，专供教师使用的各类教学类手机APP也流行起来。其中，有些是强制安装的，有些则是老师们自己感兴趣并下载的。强制安装相应APP的目的，一方面有利于学校对教师工作的日常管理，另一方面也兼顾思想教育和提升教师教学业务水平。我们的调查显示，大部分老教师对这类APP积极性不高，往往是应付的心态。而年轻教师则有较大积极性，有时还搜索下载不同的教学类APP。比如，LH就说：

> 我们现在会使用不同的教育类APP应用。在我们学校，一部分老师不会使用这些软件。不过，年轻一辈都会使用。我们会在网上找一些平时外地高校老师的教学视频和教学方式来学习，比如"有校""i同学"等等。而我自己使用得比较多的是一款叫"优教通"的教学APP。可惜，不知怎么回事，我现在新的手机下载（优教通）之后，没办法用了。说实话，经常找这些教学软件看看，确实可以弥补一些自己教学上的不足，对我帮助很大。

借助网络，身居六巷村的学生也可以主动学习。六巷村很多家长都外出打工，小孩跟着老人待在老家。即便是父母，也常常因自身受教育的缺乏而无法指导孩子，老人自然很难指导孩子的学习。不过，网络覆盖之后，学生平时除了在学校接受老师的教育之外，还可以通过互联网和手机获取学习资源。借助智能手机,学习变成了可以随时随地进行的事情。青少年作为最容易接触并能迅速掌握网络资源的群体,他们更具活力,更加愿意接受新事物。在手机日渐普及的今天,青少年更容易从网络上获取大量的学习资料,手机上的一些信息和APP也开始为学生的学习提供助力,很多网络资源也在不断地为学生的学习提供帮助。

笔者发现,六巷村使用APP进行学习的学生群体中,少部分是小学生,大部分是中学生(包括初中生和高中生)。学习内容大多是应试所需的语、数、外、理、化等课程内容。大部分的学习方式是下载并使用相关的课程学习APP,如"学习帮""作业帮"等。这类学习软件不仅包含了与课程相关的学习作业,更有一些名师的教学视频分享,同时还有很多学生把自己的学习经验发布在软件的交流社区。学生从上面不仅能获得学习知识,更能在学习状态低落的时候得到很大的安慰。现在中小学生的学习压力愈来愈大,难免出现孩子辍学或是伤害自己的行为,学习型APP的出现改善了这一状况,更减轻了孩子不少学习上的压力。学生在学习的过程中有了APP的帮助,更加有助于增强注意力,提高学习热情。初二学生HZD对我们说:

> 在学校,老师不允许我们使用手机,自己平时在学校基本上不接触这些APP。"学习帮"软件自己是知道的。老师布置作业之后,我们回家后会到里面去找答案,里面的学习资料比较多。可惜,有一部分需要付费。

> 我哥哥用的学习软件更多,好像有百度翻译、有道词典、各种搜题软件等等。在他用的时候,我也学会了怎么使用。我哥说这个东西对学习帮助很大,所以我平时也会主动下载相关的学习软件,并在上面搜索自己想要的内容。

　　其实,网络不但丰富了老师的教学和学生的学习,一般的村民也开始使用手机获得知识和教育。我们在田野调查中发现,一部分常年在外的务工人员感受到大城市的迅猛发展,也开始试着学习新事物。部分技术工人通过朋友帮忙或是自学开始在手机上下载相关软件,从手机网络上获取自己所需的知识,并不断强化自身素质,以此来融入社会。常年在村中的村民也在接触网络带来的知识。比如,很多长年在家务农的老人以前都是通过晚上看天空来推测第二天的天气情况。自从智能手机上有天气预报这个自带的软件之后,不少老人转而信赖手机天气预报,因为它们"更科学"。有不少村民表示,自己会看天气预报,有时候会通过天气预报来制定劳作计划。又比如,村中一部分高血压或是高血脂的老年人在医生的指导下,下载了相关的软件,帮助提醒自己平时该注意的饮食和按时吃药。

第四章　来势汹涌

网络，一方面让金秀大瑶山揭开神秘面纱，一方面也让汹涌的外来事物涌入瑶山。除了各种信息、观念和思想外，还有大量实实在在的物质产品的流通。随着网络及网上商城的发展，网购在金秀瑶民生活中扮演着越来越重要的角色。

本章重点讨论与分析金秀瑶民特别是六巷乡村民的网络购物情况。笔者一方面将描述村民的网络消费习惯的养成、网络购物情况、物流情况、支付方式等基本网络使用数据，一方面也将剖析网络购物背后所反映的金秀瑶民与外界对接与联系的情形。

第一节　农村网络购物研究综述

近年来，城市居民已经形成了网购的习惯，随着国内一、二线城市网购增长逐步放缓，淘宝、京东、苏宁等网售平台开始重新审视农村市场的潜力。农村网购发展也引起了学界的广泛关注，本节主要围绕农村网络购物发展的现状、趋势、特点，以及存在的主要问题和对策建议来展开。

与城市相比，农村的网络消费呈现出独特性，如消费市场不成熟，但前景广阔;消费人群年轻化,但多样性强;信息技术不完善,但普及速度快。① 且相比城市,农村居民使用手机进行网络消费更为普遍。农村手机上网占比高达 84.6%,高出城镇 5 个百分点。② 学者们普遍关注到农村网购人群所占比例最大的消费群体是年龄在 20—29 岁之间的青壮年人群,他们占到了整个农村网购群体的 32%,成为现代农村消费模式变化的主导群体。③ 尤其,进城农民工拉动了农村的网购消费,是农村网购的主体。王丽荣等的研究通过进一步分析新生代农民工与各大电商网站之间的心理距离来探讨新生代农民工网络消费行为。研究结果表明,无论对于服装还是图书,新生代农民工在网购时与淘宝网的心理距离明显最小,与当当网心理距离居中,与卓越网的心理距离最大。④

与此同时,学界对于影响农村网络消费的农村村民文化水平、村民网购观念、互联网基础设施、网络服务水平及物流配送等主要阻碍因素已基本形成共识。其中物流成为农村网络购物最主要的障碍。目前,县区成为农村物流网点建设的末端,由于缺少真正的规范化村镇物流网点,大部分的快递还是由村民自取,物流公司承诺的送货上门、上门取货依然无法全面覆盖。作为国有企业的邮政在物流网点分布方面具有一定的优势,但物流速度和服务水平与某些民营的物流企业相比还

---

① 丁家佳、詹婷:《农村网络消费的"虚"与"实"——以安徽省阜南县柴集镇为例》,见姜红、蒋含平主编:《媒介·权利·表达:新闻传播与网络化社会》,合肥工业大学出版社 2016 年版。

② 夏会珍、阮帅、杨伟松:《我国电子商务农村网购市场发展潜力研究》,《农村经济与科技》2015 年第 3 期。

③ 夏会珍、阮帅、杨伟松:《我国电子商务农村网购市场发展潜力研究》,《农村经济与科技》2015 年第 3 期。

④ 王丽荣、赵冬梅、黄鹤婷:《新生代农民工网购消费行为研究——基于心理距离角度的讨论》,《农村经济》2014 年第 2 期。

存在差距。① 刘利猛提出建设县、乡、村三级物流体系是促进电子商务进入农村地区的重要保障。在国家政策支持和中央财政资金的扶持下,物流节点的建设应该得到充分重视,实现提高农村物流网络的连通度和覆盖面的目标。② 高海霞指出农村消费面临着采购和运输等直接成本以及时间精力等间接成本较高、购买的商品没有严格质量保证等诸多问题。③ 受传统消费观念的影响,宋滟泓认为当面交易和实体店购买模式依然是中国农村居民青睐的消费习惯,对网络购物的不熟悉以及对互联网存在的不信任感,也是农村网络购物面临的障碍。④ 此外,农村居民对网购认识不足,对商品质量的辨别能力不高⑤,消费维权意识也比较差⑥,诸如商品质量、售后服务、物流快递等问题频繁困扰着农村消费者,影响农村网络购物市场的拓展。⑦

对此,学者们大多从提高农民收入,增强网络基础设施和提高网络服务水平,健全物流配送体系,政府加大宣传、引导和监管等方面提出建议。一些最新的研究也指出,尽管物流机构与电商平台目前大力推进线下实体网购服务终端建设并取得了一定的成效,如由电商平台或者大的快递公司投资设置的如农村淘宝站、京东帮服务站、菜鸟驿站等

---

① 孙韬:《邮政进军"最后一百米"快递市场的发展对策》,《邮政研究》2015 年第 1 期。

② 刘利猛:《移动互联网、电子商务与物流在我国农村地区的协同发展》,《物流技术装备版》2015 年第 6 期。

③ 高海霞:《基于消费市场特征的农村电子商务网购市场发展策略探讨》,《未来与发展》2011 年第 2 期。

④ 宋滟泓:《农村市场展现巨大网购潜力,电商巨头下乡掘金前路泥泞》,《IT 时代周刊》2015 年第 6 期。

⑤ 杨春红、杨妮:《淮安市农村居民网购情况调查分析》,《农村经济与科技》2018 年第 12 期。

⑥ 刘诗玥、胡国杰、徐晓琳等:《关于农村地区网络购物的现状分析》,《农村经济与科技》2018 年第 1 期。

⑦ 汤祥、刘丽辉:《农村消费者网络购物情况调查及完善建议——基于皖北农村张集镇的调查》,《价值工程》2016 年第 6 期。

农村物流中心,每个中心覆盖投递范围3—5公里,涵盖多个自然村,在农村招聘村民兼职从事快递业务。但相对于中国农村网购的需求来说,各方仍然需要加大建设物流运送力度和对农村市场的覆盖;同时,还迫切需要普及农村网购支付知识,建立相关的知识培训和服务机构,并发挥进城新生代农民工的意见领袖作用。①

　　总体而言,学者们对当前农村网络消费发展水平的判断基本相同,如孙百鸣对农村网上交易规模、数量、利用率、社会影响力、效益等方面综合考量后认为,2005年中国农村网络购物还处在初级发展阶段。②即认为"农村庞大的人群和消费需求尚未全面开发","农村网购消费比例依然较低,但呈现出不断增长的趋势"。③但与此同时,学界均认识到我国农村电子商务还有很大的发展空间。张喜才预测"到2025年,农村网购市场将大幅打开"④。

　　除此以外,学界在农村消费者的价值观、购买动机、消费行为、消费心理等方面也积累了一定的研究成果。高海霞指出农村消费者具有从众性、周期性、实惠性、炫耀性等特征。⑤在网购平台的选择上,为保障网购的安全性,农村居民更倾向选择知名电商平台,以淘宝、京东为主,并采取少量多次的购买方式,故成交单价相对于城镇居民来说偏低。同时,以天猫为代表的高质量,相对高价格的电商平台也开始得到部分农村居民的认可,其针对农村地区的销售量正在逐步增加。这些现象

---

①　张艳萍:《中国农村网购消费现状与引导策略——以淘宝网农村网购为例》,《福建工程学院学报》2016年第2期。

②　孙百鸣:《我国农村电子商务发展初探》,《北方经济》2005年第9期。

③　张艳萍:《中国农村网购消费现状与引导策略——以淘宝网农村网购为例》,《福建工程学院学报》2016年第2期。

④　张喜才:《电子商务进农村的现状、问题及对策》,《农业经济与管理》2015年第3期。

⑤　高海霞:《基于消费市场特征的农村电子商务网购市场发展策略探讨》,《未来与发展》2011年第2期。

体现出农村网购从过去单纯求廉向求质的转变。[①] 潘煜等研究强调农村居民的网络消费具有区别于城镇居民的独特性:农村消费者对价格因素更为敏感,对商品性价比的注重与城镇居民有一定的差异,对商品信息的获取和理解程度及对商品的鉴别能力在一定程度上低于城镇居民,对商品售后的关注度相对较低,而且其购买动机与城镇居民的区别比较明显。[②] 程璐等则从儒家价值观视角来考察农村网购的购买动机与购买行为。作者从"好面子""行为与地位相符""倾听他人""朴实稳健"四个维度对儒家价值观进行测量,将农村居民网购动机提炼为"求实""求新""求名"和"求廉"。[③]

随着几大电商平台相继将农村市场作为新的业绩增长点,阿里巴巴、京东、苏宁等正全力开发农村网购市场,纷纷推出各自农村电商网购发展战略,包括阿里研究院等研究机构的学者们也纷纷将目光聚集在各大电商如何通过渠道下沉的方式开发农村购物网络市场,如张艳萍以淘宝网农村网购为例提出的中国农村网购消费现状与引导策略;赵富臣基于价值链角度,以南昌市农村为例研究京东商城下乡服务的新模式,他指出京东商城的优势在于其具有完善的物流配送中心,通过建立"县级服务中心""乡村合作点",连接了线上和线下服务。但专业人才的匮乏、基础设施建设不完善以及农民对电子商务的认识不到位等问题依然是亟待解决的问题。最后提出通过优化营销策略引导农民消费思想转变,改善物流配送,通过成本分析优化成本控制管理,免费

---

① 程璐、王丽娟、黄亚楠:《辽宁省农村居民网络购物行为研究——基于儒家价值观的视角》,《辽宁工程技术大学学报(社会科学版)》2016年第7期。

② 潘煜、高丽、王方华:《中国消费者购买行为研究——基于儒家价值观与生活方式的视角》,《中国工业经济》2009年第9期。

③ 程璐、邹瑞雪:《基于儒家价值观的农村居民网购行为研究》,《商业研究》2015年第8期。

培养农村电子商务人才,建立人才激励机制,优化政府对下乡服务的政策支持等建议。[①]

而与此不同的另一条研究路径则是从作为消费主体的农村出发,强调深入农村获取第一手资料进行相应的实证定性和定量研究。罗彩芬以吉安农村居民为调查对象,在定量分析的基础上发现,农村居民对网络购物的认知程度比较高,但网购意愿却并不强,调查中仅有 10.98%的农村居民选择非常愿意通过网络购物。制约农村居民进行网购的因素包括物流基础设施的建设、传统的消费观念以及对网络购物的了解程度尚比较浅显。在调查走访中发现,农村居民网购过程中存在着严重的从众性,他人的购买行为以及商品的口碑成为农村居民网购的依据。根据统计结果显示,购买者年龄、对网络购物的了解程度以及物流配送点的距离是影响农村居民网络购物的重要因素。[②] 此外,王竹结合技术接受模型和感知风险理论来分析影响长春市所辖县(市、区)农村消费者的网购意愿影响因素。通过运用 SPSS18.0 统计分析软件,采用 logistic 模型结果表明,行为态度中影响程度从大到小的因素依次是品类丰富、经济风险和快递便利;主观规范中"在意预期评价"和"消费习惯"的影响最为明显;行为控制受"会操作"显著影响;网购意向受"很满意"显著影响。文章最后根据研究结论提出了相关的政策建议。一是开设规范的农村信息化培训,提升农村消费者信息技能水平;二是优化农村消费者网购体验,强化网络安全机制;三是建立优化的物流体系,完善农村网络基础设施;四是鼓励东北地区产业在电

---

① 赵富臣:《京东商城下乡服务模式研究——以南昌市农村为例》,硕士学位论文,南昌大学,2018 年。

② 罗彩芬:《农村居民网络购物意愿调查——以江西吉安为例》,硕士学位论文,江西财经大学,2016 年。

子商务平台实践和发展。① 张波等使用定性与定量相结合的方法进行比较研究。研究者选取河北唐山、江苏徐州、重庆巫山、贵州安顺、宁夏固原、云南曲靖的部分农村并对其网购现状、地区差异和发展前景进行调查,指出不同地区农村网购发展不平衡,唐山、巫山、徐州的农村网购目前的发展较曲靖、安顺、固原好,其主要原因为地区经济发展不对衡,具体影响因素包括网络普及、文化教育水平、消费观念和基础设施等。②

新近的一些研究则将网络消费与乡村社会文化和日常生活的情境结合起来,郭娅以陇南一个普通的自然村落胡寨村为例,在当地政府牵头大力发展电子商务的大背景下,考察了电子商务对陇南乡村日常生活的影响。她认为在认知上,电子商务正在自觉或不自觉地扩充村民的认知空间,重塑村民的认知思维;行为上,胡寨村村民的社会结构和社会交往都发生了前所未有的改变,传统交往体系被打破,形成了新的交往群体,并出现了消费型意见领袖。最后,在社会形态方面,电子商务与传统传播环境的交锋使得电子商务对农村文化、消费、村庄结构等方面也产生了不同的影响。③

农村网络消费的迅速发展为农村整体的经济发展带来无限张力,同时网络消费作为一种新型生活方式也在无形中构建着人们的社会关系,重塑着人们的社会生活形态。值得一提的是丁家佳等在对安徽省阜阳市阜南县柴集镇网络消费的考察中融入了经济、媒介、社会等多个

---

① 王竹:《长春市农村消费者网购意愿影响因素研究》,硕士学位论文,吉林农业大学,2017年。

② 张波、文小丽:《我国农村网购现状、地区差异及其发展前景的调查研究——以贵州安顺、宁夏固原、云南曲靖、江苏徐州、河北唐山、重庆巫山部分农村为例》,《时代金融》2017年第6期。

③ 郭娅:《电子商务对陇南乡村日常生活的影响——以胡寨村为例》,硕士学位论文,兰州大学,2017年。

视角的分析，认为网络消费超越其经济属性，表现出对社会生活及其文化的影响，在网络消费中媒介的文化属性更深层次地塑造着农村社会。网络消费行为正在广阔的农村大地构建一种新型的生活方式乃至文化形态。具体来看，作为安徽省重要的劳动力输出基地，柴集镇的网络消费承载了情感的交流与维系。在外务工的儿女们通过网络购物为留守在家的老人寄去生活所需，包括衣物、食物等，老人们也可以通过邮寄的方式将农副产品、自家弹的棉被等寄给子女。不同于社交类软件直接通过网络交流感情，网络消费是以物品传递的形式维系农村居民的情感，媒介维系情感的功能在农村网络消费中得以延伸；学者在对乡村网购"意见领袖"的考察中进一步指出，这些意见领袖呈现出女性居多、年龄偏低的特点，他们中很多通过网络消费在其社交网络中成为"中心"，网购在此时不仅仅是一种消费方式，在某种程度上也在构建一种新型人际关系网；此外，人们会通过闲暇时间浏览购物网站，网购不仅是消费，而且是与观看电视、听广播、看报纸、上网一样，成为农村居民接受和获取外界信息的一种渠道和消遣娱乐的方式。①

第二节　六巷村网购基本调查

对六巷村村民而言，2014 年是特别的一年。这一年，网络购物开始在农村风行。2014 年，阿里巴巴集团提出了著名的"农村淘宝"计

---

① 丁家佳、詹婷：《农村网络消费的"虚"与"实"——以安徽省阜南县柴集镇为例》，见姜红、蒋含平主编：《媒介·权利·表达：新闻传播与网络化社会》，合肥工业大学出版社2016 年版。

划,要在全国实行千县万村计划,计划在三至五年内投资 100 亿元建立 1000 个县级运营中心和 10 万个村级服务站,以实现"网货下乡"和"农产品进城"。据称,当年为了进入阿里巴巴的"农村淘宝"首批试点,各县之间还要展开竞争。就这样,在阿里巴巴集团和各级政府的合力之下,"农村淘宝"强力进驻各行政村。时至今日,对于阿里巴巴而言,"农村淘宝"实现了淘宝品牌宣传以及网购下乡的双重目标;而对于各县政府来说,"农村淘宝"是一个败笔,因为基层政府所期待的"农产品进城"并未成功。金秀亦如是。

不过,虽然大部分地方的"农村淘宝"黯然离场,但是网购思潮自此在农村生根发芽。在金秀农村,自"农村淘宝"计划的宣传轰炸和洗礼之后,网购开始在金秀农村异军突起。在六巷乡,不少村民可以清晰地告诉我们,农村开始网购是从 2014 年的"农村淘宝"宣传开始的。在架梯屯做微商的 HD 回忆:

> 当年,兴起的是"农村淘宝",也就是电商平台与乡政府进行合作,对乡亲们的特色产品进行上架推荐,同时也将外地的一些商品进行推介,主要是平时常见的商品,如农村生产用具、生活用品、文具等学习用品,各种各样,什么都有。很快,就掀起了一阵网购的热潮。我记得很清楚,当时刚好智能手机也比较流行,充话费送手机的活动很多,像桐木镇、中平镇的手机门店门前或者街边摊上很多活动。所以,很多村民开始用智能手机进行网络购物。

不过,彼时的网购数量较少,且主要集中在经济条件较好的乡镇和农村。比如桐木镇和中平镇,前者是隶属金秀的汉族乡镇,后者是隶属象州县的乡镇,由于与六巷毗邻,二者都成为六巷村民重要的赶集地点。这两地经济条件好，"农村淘宝"风行的 2014 年前后，网购已经在这两地渐成气候。不过，对于较为封闭的六巷乡，2014 年只是少数"时髦村民"的网购元年。在六巷乡，一方面受制于互联网网络、物流交通等硬件，另一方面，较多村民依然对虚拟网络抱有迟疑态度。不过，随着智能手机、物流、网络的发展，村民接触网络机会越来越多，迟疑不断被打破，网络逐渐成为日常所需。对于六巷乡而言，2017 年前后，六巷乡村民正式拉开网购帷幕。时至今日，网购成为日常。

在六巷乡，可供购买外来商品的店铺屈指可数。实际上，只有六巷乡政府所在的六巷村有三家门面很小的商店提供村民日常所需。由于门店小，商品种类非常有限。笔者刚到六巷时，到其中最大的门店购买水果，只有苹果和葡萄两种选择。此外，由于运输成本高昂，其所售价格往往较山下平地商铺高。若非急需，六巷乡村民都到周边的中平镇和桐木镇集镇上购买商品。不过，往返集镇的车马费和时间成本亦是不菲。因此，网购逐渐成为一些村民的重要选择。六巷村年轻女性 LD 告诉笔者：

> 我们女性爱买衣服。这个在六巷的几个商店是没有的。我们必须要到邻近的桐木镇或者中平镇去买。可是，那里的选择其实也很有限。就算我们直接到金秀县城，其实也不好选，种类不是很多。而且，每次前往镇上需要耗费好长的时间还有不低的车费，划不来。所以，我买衣服基本都是在网上。网上的东西相对门店便宜很多，而且，可供选择的余地也比较大。我比较喜欢在淘宝上面买衣服。在上面，有许多别人的评价，可供自己参考，也有许多限时的优惠券，划算许多。

从笔者的田野调查情况来看,大多数村民多选购服装鞋帽、生活用品、学习文具用品、土特产以及移动终端电子产品等。从商品类别角度来看,这些商品多为必需品,与商店里所售类别基本重叠,但网络购物的优势在于选择的余地较大,而且往往还有价格优势。六巷村一位蓝大姐透露,如果是来不及网购,急需的才会选择去门店购买,或者小额少量的也会选择门店,比如牙签、粘蝇纸以及常穿的胶鞋。

网购与年龄有无相关性呢? 从我们的调查来看,六巷村的网购群体中,以14—50岁的居民为主,大都是学生以及识字的中青年人。处于义务教育阶段的初中生,按理学校管理,手机使用往往受限。但是,对于外出桐木或金秀念书的学生而言,因与家庭联络的需要,往往会拥有手机,他们大多除使用手机进行社交外,也会进行网购。比如,六巷村较多学生就读的桐木初级中学规定,学生可以带手机到学校,但是周一至周五需要交由老师保管,周末则交给学生。学校有此规定是出于周末学生联系家长的需要。但是,学生们常常也会使用手机干点别的事情,比如社交、网络游戏等。此外,也有学生进行网购。比如,在桐木县初级中学念书的 ZA 就告诉笔者:

> 我有时候会用手机网购。不过,不是很频繁,几个月才网购一次吧。最近一次网购是三个月前。当时,我买了一件衣服,这也是我买得最贵的一样东西。我用的购物 APP 主要有淘宝网和拼多多。淘宝网用得多一些,拼多多用得少。

由于 ZA 在镇上念书,还常承担"快递员"的工作,他说:

我们村里没有快递点。我们整个六巷都没有快递点。我在桐木镇上读书,又带了手机。村里一些人网购后,就会跟我联系,让我周末回家帮忙从桐木镇带回来。在桐木念书的很多学生,都会带东西回去。

不过,ZA 坦言,他网购不算多。他的有些同学网购比较疯狂。问其为何网购不多,ZA 回答说怕遇到假货或骗子。他说:

> 我其实还是有点担心网购的。所以,我会经常到街上的店里直接买。网购并不多。

而 50 岁以上的老年群体,识字率低,信息闭塞。他们虽然对现代网络充满好奇,但是也同时对网络的虚拟性存在诸多疑虑。因此,我们在调查中看到,虽然有不少老年人拥有智能手机,其中较多还会使用微信、抖音等流行社交 APP,但是,他们大部分人却很少网购。现年 53 岁的架梯村民 PD 说:

> 网购这个东西操作起来很麻烦。微信、抖音我会用,那个简单一些。网购,那个什么淘宝啊,看上去很复杂。我们老了,操作不来。涉及钱,万一操作错了,可就麻烦了。还有,网上的东西,我们最怕质量不好。所以,我到现在为止,也没有网购过,以后可能也不会去试吧。

PD 所言,基本上代表了大部分会流利使用微信等社交软件,但是却不参与网购的人的想法。归结起来,主要有两个原因,一是不会操作，毕竟淘宝等软件操作起来比微信、抖音更为复杂；二是网购毕竟涉及金钱和货物，质量问题、受骗问题确实很难预测，也更为人所担心。

网络购物平台也日趋多元化。2014 年，农村网购主要是阿里巴巴的"农村淘宝"平台。村民需要到"农村淘宝"的实体店里下单，选购过程并不自主。因此，在六巷乡，真正使用"农村淘宝"的并不多。时至今日，除了淘宝和京东等老网商平台外，又有如拼多多等新兴平台，此外一淘、小红书、苏宁易购、当当等也持续发力，还有二手网购平台，如"转转""闲鱼"等。此外，微信、QQ 等社交平台上也推出网购商品。村民购物的选择出现多样化。

如果我们粗略地对村民网购进行分类，则可以大致区分为两类。一类是使用微信进行网购，大部分村民实际使用网购的平台是微信。微信是社交媒体，村民大多都会使用。在社交过程中，村民会接触到大量微商广告。他们"抵不住诱惑"，就会想办法购买，而微信本身恰好就有支付功能。因此，网购变得简单易行。另一类是使用淘宝等专门网购平台进行网购。这类平台由于操作起来有一定难度，对互联网有一定了解的村民、在外务工对网络信息较为敏感的村民以及在外念书的初中及以上的学生是这类专业网购平台的主要使用者。架梯 ZG 是资深淘宝用户，他跟笔者分析了使用淘宝的原因：

淘宝上的商品便宜一些，经常还有一些大额的优惠券。所以，我主要用淘宝。京东的商品比较贵一些。另外，淘宝名气比较大。几年前，"农村淘宝"在我们这里盛行过，村支书还多次进行宣传，搭建县村两级的服务和供销网络，将城里面的商品销售到农村来。现在，我发现，"淘宝"和"农村淘宝"合二为一了，在"淘宝"APP中增设了"家乡版"，特别方便和实惠。

从 ZG 的谈话可看出，虽然从基层政府角度看，"农场淘宝"是败笔，但是从阿里巴巴来看，"农村淘宝"对于淘宝宣传功不可没，而且这种宣传还凭借了政府的"官宣"吆喝。因此，淘宝在农村认可度比较高。

此外，新近崛起的电商平台拼多多在农村地区发展迅猛。拼多多主打价格和社交两张王牌，通过所谓"拼团砍价"的形式，既实现价格的最优，又可借机弥补社交空虚。拼多多由此在三四线城市和广大乡镇、农村地区拥有很大的用户量。在六巷村，拼多多的使用者甚众。在架梯村，HD 曾是淘宝忠实用户，最近转战拼多多，问及缘由，她解释说：

> 主要是拼多多上面的东西比较便宜。可以通过砍价的链接，约着村民、朋友或者微信好友一起拼单。

在六巷，另一个老牌电商京东的使用者就相对少得多了。村民给出的理由大体是：京东的东西贵，优惠力度又小。不过，亦有村民比较倾向于在京东购买较为贵重的商品，尤其是电子产品。架梯的 HJ 在我们调查前几个月在京东购买了一部手机，问及原因，她说：

> 淘宝毕竟鱼龙混杂，搞不清楚。京东应该更有保障一些。他们应该会在挑选商品方面有很严格的规定。京东上的东西应该质量好，假货少，买着放心一些。所以，他家的东西比淘宝贵，也是有道理的。

随着村民试水电商的经验越来越多，村民已经形成了一套网购知识。我们访谈了一位就读于桐木中学的初中生，他经常帮家人和村民

进行网购,已经摸索出一套网购知识,他告诉我们:

> 一般的东西,比如衣服啊,鞋子啊什么的,我会选择淘宝。以前我们经常听说淘宝上有假货,当时觉得很恐怖。但是,我感觉其实还好,质量大多还可以。贵重的东西,比如手机啥的,我会选择淘宝的"天猫"。"天猫"上开的很多是官方的店,或者很大的店,质量有保障。如果是买一些很便宜的日常百货,比如纸巾、垃圾袋等,我一般选择拼多多。这个平台可以通过拼单进行购买,价格很便宜。虽然质量确实不见得特别好,但是也不至于很差。

至于二手商品,从我们的调查来看,购买的村民很少。问及原因,要么就是根本不熟悉专营二手商品的平台,要么认为二手商品是从别人手上买来的,质量问题以及是否被骗都很值得担心。

追求尽可能低廉的价格,是六巷村民乃至大部分中国农村网购的原则之一。由此,也造成网购过程中或多或少出现假货的问题。在六巷村的调查中,我们发现买到假货的村民并不少,商品种类主要包括服装、电器和炊具等。这些商品往往是假冒伪劣商品,贴上品牌标签后,网购村民往往难以识别。而买到假货后,村民大多气愤不已,不过最终都会选择沉默,放弃维权。

架梯村的 ZS 对 2017 年的一次网购经历记忆犹新。那一次,他在某平台买了一件衣服。当时的价格也并不算便宜。可惜最后收到的实物与平台描述完全不符合,质量很差,脱线严重。ZS 非常气愤,他希望维权。于是,他拨打了平台客服电话。可是,打过一通电话后,他就决定放弃维权。他说:

　　客服告诉我,若要退换,需要保持衣服吊牌完整。除此之外,我还需要自付邮资。我们六巷乡里没有快递点。虽然六巷有中国邮政,但是发货速度和配送效率太低了,而且那个商家根本不支持中国邮政配送。也就是说,我如果要退换,我还需要亲自跑一趟中平镇或桐木镇寄送。说实话,投入时间和成本有点大。想着,我也就只好自认倒霉了。

实际上,更多情况下,村民所购商品往往价格很低。买到假货后,若要维权退换,那么就需要自付邮资并同时需要负担前往中平镇或桐木镇的车马费。两项费用加起来,常常与所购商品价格差不多,甚至高于所购商品。从经济理性角度看,在这种情况下选择维权,无异于搬起石头砸自己的脚。于是,大多数村民选择忍气吞声。

六巷村的一位 50 岁左右的蓝姓老人在我们田野调查之时,在网上买了一件衣服,买回来发现是假货。她理性地告诉笔者,她不会选择退还,她说:

　　我爱用拼多多,价格便宜。我这一次用是在网上买一件衣服,当时看的时候觉得很好,看拼多多里面人家穿得这么好。可是,自己买来穿着的时候,衣服线条是过时的,一扯就散了。我当时以为,那些东西都是从很远很远的地方来的,质量应该很好,并且价格很便宜,于是就买了。因为我之前也在网上买过一件衣服,三十来块,还包邮费,质量也还可以。可是,这一次买回来我发现衣服质量很差,也不好看。……不退换了。退款的话很麻烦,反正也没有多少钱,价钱便宜。退还还要到桐木,还要付邮资,划不来。衣服就搁家里了。

从经济理性的角度看,六巷村村民假货维权的时间和经济成本较为高昂。因此,六巷村村民较少选择维权。其中,交通物流的限制以及六巷乡无快递点的事实,成为村民放弃维权的主要"拦路虎"之一。若交通与快递问题可以得到妥善解决,六巷村村民维权意识将会提高。

第三节　彷徨中前行

一、"虚拟"的焦虑:网络支付在六巷

伴随网络购物同时出现的,就是在线支付以及当下越来越流行的线下移动支付。以微信支付、支付宝、云闪付等为代表的移动支付方式逐渐成为人们日常使用的重要支付工具。饭店、小商店等是最早支持移动支付的。随着移动支付成为一种支付习惯后,政府部门、大型超市、酒店等也大量接受移动支付,甚至路边摊也都支起一个纸牌,上面是供顾客扫描支付的移动支付二维码。

在六巷村,网购的线上支付已不陌生。线下移动支付也正在兴起。不过,从我们的调查来看,线下移动支付主要是微信支付,其他如支付宝支付等基本难觅踪迹。作为腾讯旗下的第三方支付平台,微信支付借助微信、QQ 等社交工具的强大群众基础和媒介支持功能,获得较大成功。在六巷村,微信已是一种基本社交工具,而微信支付可视为微信的一种延伸功能,就自然地获得了村民的认可和支持。更何况,微信支付还因微信红包等带有娱乐性质的功能而能更好"俘获"村民。相对

而言,支付宝是专门支付工具,主要针对对象为城市人群,在农村发展较慢也较晚。为了使用支付宝支付,还需下载注册"支付宝"APP,村民大多较难接受。架梯村村民 ZD 在 2016 年就开始使用支付宝。即便如此,他对支付宝也颇多微词:

> 我们这边网络不太好,有时打开支付宝支付时软件反应特别慢,很恼火。更可气的是,支付宝里面界面很不清爽,有很多广告信息,"饿了么""口碑"什么的,这些都是城市里面用得着的。我们整个六巷乡完全用不到。还有什么花呗功能开通提醒页面也是经常跳转出来,非常烦人。此外,支付宝只是用来支付,虽然也可以用来聊天,但好友非常少,也不方便进行聊天交流。……另外,其实我们很多村民是看不懂那些支付信息和相关知识的,所以支付宝支付对他们来说增加了支付的复杂性。

从我们的调查来看,青少年和中年是较多使用网络支付的群体。尤其是初中生、高中生和大学生以及外出务工的年轻人。比如架梯村的初中生 ZRJ 拥有一部 OPPO 手机,有时间就经常玩刺激的战场游戏,如要提高战斗属性,便会在"掌上聚道城"的 APP 上购买各类游戏道具。又比如架梯村一高二学生 ZA,平时喜欢用微信支付,他认为微信支付比较快捷方便,"用现金支付的话还要找零,很麻烦"。据她介绍,她的微信钱包里会常备 200 元左右,方便进行线上网购或线下移动支付。

值得注意的是,笔者所提的上述群体,大多生活在城市。而城市中,微信等移动支付已经成为一种普及型的支付方式。六巷村民的移动支付也大多是由这一群人带进来的。比如村民 HZS,自 2013 年起就外出务工，一直在柳州一家餐厅做服务员，每月工资2000余元。他很早就开始接触微信支付。他说：

> 2013年，我刚来这个餐厅的时候，顾客基本上都是用现金支付的。可是，到了2014年，情况发生了很大改变，越来越多人接触并开始（使用）微信支付。就在那时，我们店开始尝试开通微信支付。最开始，店里面没人会用这个东西。后来，还是我们老板教会我们使用的。刚开始的时候，我觉得还是有些难的，不太容易，我总是不知道从哪里找到扫一扫进行支付。不过，后来熟练了，就觉得很简单了。

还有一个长期生活在六巷村，但是却也较多使用移动支付的群体，那就是参与金秀及附近的沃柑和砂糖橘产业链中的六巷村民。我们在六巷做田野调查时是春节前夕，正值当地沃柑和砂糖橘采摘时节，村里的中年人基本都外出采摘橘子，成为本地短期采摘工人。在此过程中，工资很多采用微信支付。这就使得这些村民也开始使用微信支付。

总体而言，常住六巷村的大部分村民日常生活中都较少在线下使用移动支付功能。日常生活中的支付基本都是现金。虽然，在商店和饭店等营业场所，可以使用微信支付，但是村民们很少使用。这些微信支付的使用者，大部分是外来的旅游者。六巷村的CG在本村经营一家商店，他说：

> 我这里有微信支付。不过，本地的人使用得很少。很多老人不会用。甚至一些年轻人也很少用。我这里使用微信支付的基本

都是外来的游客,他们爱用微信付款。本地人基本都是现金。

六巷村的 LY 老人今年 52 岁,平时在家附近做建筑之类的零工。他有两个儿子,小儿子未婚,在广东务工,大儿子已婚,在本村经营一家小商店。有一次,我们碰到他在替大儿子看店。一问得知,大儿子去附近村子喝喜酒去了。他也跟我们聊起店里的微信支付功能:

> 我儿子这个店也有微信支付。其实,本地人基本上不用,都付现金。主要是外来旅游的游客,他们到这边买东西,都爱用微信支付,他们好像不习惯用现金支付。支付之后,客人会拿给我看一下。我会认真看,因为微信收款方是我的儿子,他的手机又不在我这里。儿子教过我,我现在也勉强会操作微信支付了。

笔者又接着问:那你遇到过支付的过程中被骗的情况吗?

LY 答:没有。我们都是小本生意,卖得也都是几块钱的东西,不至于被骗。

我们又反问:那也就是微信支付还是很安全的?

LY 答:我感觉还是会有点担心。我们平时也基本不使用微信支付。微信上可以存钱在里面,但是我觉得很不放心。其实,大部分人都觉得不放心。

对于虚拟网络的货币支付,六巷村村民确实保持着较高的戒备。六巷村的 LAY 是位 30 余岁的女性,在本村经营一家米粉店。说起微信支付,她告诉笔者:

> 来我店里的很多也都是本地人,都是用现金付的。我比较早

就开通了微信付款，可是有一段时间打不开，密码也忘了，就没用了。客人付款，就让他们付现金。现在，有一些游客很爱用微信支付。我也就又重新弄了一个微信收款码。即便这样，现在微信支付也有限，毕竟平时游客并不算多，而来光顾我的米粉店的就更加少了。现在，我一个月微信收款也就一百多块。不过，我不会将钱存在微信里面，总感觉不安全。我一般都会及时将钱提现到我的银行卡里面。

随着移动网络的发展，移动支付让广大大瑶山人民提高了对非现金使用场景的认知，不过，从接触角度来看，不少村民还是对电子支付具有一定的不信任感并保持谨慎，一是担心电信诈骗、信息泄露导致自己的支付安全存在隐患，二是担心自己不懂支付相关的知识，导致转账等支付操作发生失误。据架梯村 HJ 介绍，她之前因为要经常网购，加之需要使用拼多多来开展微商，会经常使用微信钱包来进行支付，但她没有使用设备锁、指纹支付抑或手势密码解锁，导致经常出现"您的安全等级较低"等字样，让她很敏感，并谨慎使用电子支付。

二、"最后一公里"：六巷村网购难题

互联网给六巷村民带来了外面的资讯和观念，也同时带来了外面的商品。网络中的商品如此琳琅满目，以至于六巷村甚至周边的桐木镇和中平镇的商品都可以忽略不计了。这大大刺激了六巷村村民的网购热情。不过，真正将村民的购物热情变成购物行动的还是 4G 网络的普及。4G 网络出现之后，村民的网购热情空前高涨。可惜，各方面

的限制也一定程度上给村民的网购狂欢蒙上了阴影。其中,一直滞后的六巷村快递业就是村民网购的重要限制项。

六巷乡地处大瑶山,崇山峻岭,地形复杂,交通闭塞。部分自然村人口很少,居住特别分散,导致尚有若干不通路的村落。由此种种,导致整个交通成本较高,这同时也意味着物流配送成本较高,而且也不可避免地出现配送速度慢、耗时长的特点。更为致命的是,六巷乡人口并不多,虽然村民网购热情空前高涨,奈何人口基数不大,快递量也就很难突破。这对于以营利为目的的民营快递公司而言是最致命的缺陷。综上的原因导致迄今为止没有一家民营快递公司愿意主动落户六巷乡。

现在,中国邮政是六巷村唯一的兼快递功能的国企。不过,六巷邮政所接收的快递量其实很少。而且,快递业务仅仅是六巷邮政的一项无足轻重的附属功能。六巷村 WJ 大姐在六巷邮政工作,与邮政签的是合同制,“每个月固定工资,跟快递公司不一样,我们不会因为快递量的多少而影响提成”。因为快递量太少,六巷邮政现在采用的是快递物流外包的做法。六巷村的 WB 就是邮政所签的外包者,WB 每个星期都会从六巷邮政外送三至四趟外寄快递到桐木镇邮政,同时每周四至五次从桐木镇邮政将接收的快递运回六巷邮政。不过,六巷邮政的 WJ 介绍,六巷邮政的快递很少,一个月也就几十件,“连桐木镇、中平镇一个小小快递点一天的量都比不上”。那么,是不是说,六巷村民的网购量就只有这么大呢? 远远不止。实际上承担村民网购的快递公司往往是民营快递公司,而民营快递公司的网点仅设在桐木镇和中平镇。然后村民接到网点电话后,到相应网点拿取快递。网购大多选择的不是六巷邮政而是交通成本高昂的民营快递公司,其原因是多方面的。

中国邮政业务有几大特点。首先,其快递成本高昂,导致愿意和中国邮政合作的商家少之又少,淘宝等网店较少会选择中国邮政作为合作方。其次,中国邮政受行政边界影响较大。这导致,若某外省快递要寄到六巷村民手里,那么至少要经由广西邮政—来宾邮政—桐木邮政—六巷邮政等快递点,而民营快递公司则可以根据市场情况,完全自主调整快递流程。比如,民营快递公司可能根据市场和实际情况,将六巷村某村民的快递运送到中平镇派发,而中国邮政却绝无可能,因为中平镇不隶属于金秀县而属于象州县。由此,导致中国邮政快递速度很慢,一位经常网购的村民告诉笔者:

> 我们网购,不走邮政的话,一般三天时间快递就到了中平镇或桐木镇的网点,我们就可以去取了。但是,如果选择中国邮政的话,一个星期可能才能见到快递。

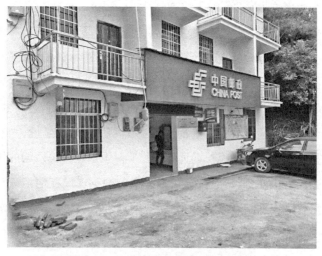

图 4-1 六巷乡中国邮政(康增雄摄)

村民 LDG 对六巷村网购和快递问题有很多思考,他甚至曾经想过在六巷开一个快递网点。他告诉笔者:

　　几年前,农村山区搞了一个"农村淘宝"。当时,政府还有阿里巴巴公司都来宣传,做了一点事。但是,一句话,不适用。村里面三十多岁的,接受情况稍微好一些,但一些年纪稍大一点的,如五十多岁的这一群体,基本就不会使用网络,更何况是"农村淘宝"这类稍微复杂的网络操作。所以,那时真正用"农村淘宝"的不多。

　　现在,智能手机普及,网购才真正做到"进万家"了。不过,快递问题还是我们这里的一个老大难的问题。事实上,我之前也打算在村里开一个快递寄存点,但是后来想了一下,又感觉不怎么好弄。你看,现在很多人的购物快递包裹都集中在中平镇或桐木镇,现在好像寄到中平的更多一些。要拿快递的话会让六巷—中平的小巴车帮忙带,包裹不分大小,一律每件收费 5 块。有时,我们也会让村里的人出去逛街或办事时顺便带一下。再说,现在基本家家户户都有摩托车,甚至有私家车,要拿快递的话直接过去拿。如果在村里开一个快递接收点的话,快递量不会特别大,而且肯定也要额外收一点费用,感觉吃力不讨好。我也就没有去弄了。

从上面的个案可以看出,六巷村物流系统效率低,且物流成本高,受制于交通的发展滞后,直接导致了网购配送速度的迟缓,以及网购交易成本的大增。村民往往需要花费几个小时的时间前往临近的桐木镇或者中平镇拿快递,严重占用了村民的时间。同时,因为快递物流不通,还需要支付额外的费用,从 5 元一件起步,根据快件大小来收取,对山区人民来说,这增加了他们的负担,也影响了他们对网购的兴趣。

正是因为快递无法直达六巷村，导致六巷村网购中出现快递代收的现象。现在，中巴车司机，尤其是中平—六巷的中巴车司机是代收业务的主要承担者。每件快递，不论大小，一律 5 块。这个价格，大部分村民表示可以接受。一位村民说：

> 我觉得还是划算的。如果我本人出去拿的话，费时费力费钱，划不来。

不过，依然麻烦的是，中巴车司机只将快递送到六巷村，六巷乡其他各村的人，就需要自己或托朋友再到六巷村来拿。换言之，快递到达中平镇或桐木镇后，除需要经由中巴司机运到六巷村，还需要从六巷村运到各自然村。具体过程可参见六巷乡网购"最后一公里"的流程示意图（图 4-2）。

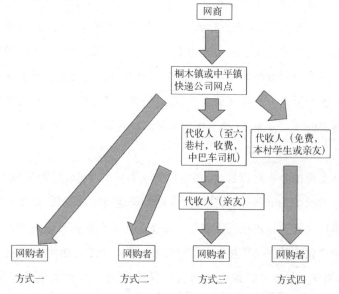

图 4-2　六巷乡网购"最后一公里"流程示意图

此示意图基本囊括了六巷乡所有的网购货物送至村民手中的各种方式与流程。其中,最直接和快捷的方式就是村民直接到中平镇或桐木镇网点提取,此为方式一。表面来看,这种方式快捷,但是由于六巷村离桐木镇或中平镇都较远,山路崎岖,需要搭乘中巴或私家运营的面包车前往,抑或自驾前往。无论何种方式,都需要至少半天时间。而且,还需要支付车费或油费。因此,这种看似最直接的方式,不管是从经济成本还是从时间成本而言,实际都是最为昂贵的。

方式四也较为常见,往往只需要一道经手环节。六巷乡设有九年一贯制学校,即小学和初中按一至九年级划分年级,不存在小升初的择校考试等。但是,很多村民依然选择送孩子到设在桐木镇甚至金秀县的初中。村民认为这些学校教学质量更好。六巷村没有高中,高中只能到外面就读,高中生也成为重要的"带货党"。周末返家时,学生们就成为"快递带货人"。不过,方式四也有诸多弊端。第一是学生"带货"只能在周末。若村民有急需的快递,往往难以依靠同村学生。第二是学生"带货"往往依靠的是家庭之间的日常"亲密"程度。这就是说,学生"带货",一方面以村民日常交往为基础,一方面也构成人情往来的一部分。因此,即便本村有学生在外求学,部分村民也往往无法请其"带货"。

方式四中的带货人,也往往可以是村民。比如,有村民外出购物或办事就可以顺便"带货"。门头村微商 HYG 就告诉笔者,他经常会到快递点寄送微商商品,在快递点时,只要看到本村的快递,他都会带回来。

接下来是方式二,也较为常见。若没有合适的亲朋好友作为带货人,村民只能联系从桐木镇或中平镇往返六巷的中巴车司机。司机可以帮忙拿取并随中巴车送到六巷村。然后村民到六巷村拿取。不过,村民需要支付给司机五元代收费。虽然似乎不便宜,但是从人力和物力的节省来看,大部分村民还是可以接受的。因此,中巴车司机"带货"也是村民常见的选择。

而对于较为偏远的村子的村民,要及时跑六巷村拿快递,也是一件费时费力的事。这时,他们往往需要委托六巷村村民帮忙代收。这就是方式三。显然,方式三是最为复杂的方式,快递到达快递点后,还经过了两次中间代收,第三次才送到网购村民手里。

也正是看到了六巷乡快递代收困难的现状,门头村微商 HYG 决定要尽快在六巷乡开展快递代收业务,方便村民。他自己几乎每天都要到中平镇的快递点寄送快递包裹。代收业务可以成为他的一项附带业务。他告诉笔者,他现在已经与中通公司签订合约。计划顺利的话,他的六巷村快递点在 2019 年年内可以开始运营。

第五章 "走出去"

互联网这座"桥梁"不仅给大瑶山带来了丰富多彩的外部世界和琳琅满目的商品，而且还让瑶人借助互联网，将瑶山带向更宽阔的世界和更广大的市场。在这场"走出瑶山"的旅途之中，瑶民有踌躇，有疑惑，有顾虑，有憧憬，有希望，这些复杂甚至矛盾的、纠结的情绪，一定程度上也是广大中国农民在面对网络时所共有的，甚至还可视为中国农村在面向现代化与市场化时的缩影和写照。

本章中，我们将看到瑶民如何借助"野生""原生态""大瑶山""瑶族文化"等词汇将瑶山的特色产品推向外部市场，我们会看到犹豫，会看到失望，也会看到满怀激情的展望。我们将会看到瑶人借助网络，以瑶歌为载体，把大瑶山的瑶族与世界各地的瑶族连接为一个整体，推动文化传承，促进族群认同。我们会看到忧心忡忡，也会看到热泪盈眶。

即便，交通依然是短板，"最后一公里"还是个问题，但是我们相信，互联网这双"隐形的翅膀"终将带领瑶人"走出瑶山"，走向世界。

第一节 农村网络销售研究综述

近年来，我国电子商务高速发展，农村网络购物与销售已经成为国内经济发展的亮点和潜力所在。《农村电子商务发展报告（2018）》显示，2018 年我国农村电子商务交易额 1.37 万亿元，同比增长 30.4%，远高于全国 8.5% 的增速①，中国农村电商持续保持高位增长。同时，随着农村网民数量增加，农村网络消费和销售规模也逐渐扩大。但通过对相关文献的搜索回顾，相较于对互联网社交等功能的关注，学界目前对农村网络购物和销售行为的研究开展较晚，大多集中于 2015 年以后，研究主要集中于经济学、管理学领域，研究视角和方法相对单一，且成果不多，大多是对农村网络购物和销售的发展现状、主要特点、面临的问题及发展趋势展望等的描述性研究。有一定理论深度和基于深入实证调查基础上的研究相对较少，明显滞后于当下快速发展的农村网络消费和电子商务的行业发展。

2015 年 7 月，中央对全国 200 个电商示范县投入 20 亿资金，用于农村物流、金融、电商、人才的配套服务的投资。2016 年伊始，从中央一号文件到"十三五"规划，关于现代化农业、农村电子商务的政策指导文件频繁出台。同时，各地方政府也相继出台了推进农村电子商务发展、物流下乡的一系列文件。在"互联网+"的时代背景和政府政策的推进下，农村电商呈现蓬勃发展态势。

与农村网购研究相类似，农村网络销售的早期研究也多集中在对农村电商的现状、特点、作用、存在问题和对策建议的描述。学者大多认为我国农村网络销售平台的建设和发展逐步加快，农业网站数量倍增，农业企业开始入驻电商平台或自建电商。但总体来说，我国农业电商建设尚处于摸索阶段，寻找符合我国现阶段农业经济发展和生产需

---

① 中国国际电子商务中心：《中国农村电子商务发展报告（2017—2018）》（http://www.199it.com/archives/805043.html）。

要的农业电商模式尤为迫切。① 对于农村网络销售对农村经济发展所起到的作用,汪向东认为发展农村电子商务,就是要利用互联网打破时空界限、缩短流通环节、沟通供需双方的需求,帮助农民克服原有的信息弱势,直接对接大市场。② 邱淑英等也认为农村电商能够缩短生产和消费的距离、降低交易成本、减少库存、增加商业机会,能够有效地克服农业产业化经营中的不利因素,对我国农业产业化发展具有极大的促进作用。③

农村网络销售存在的问题及其对策,与网购中的问题及其解决对策存在一致性和相关性。高飞④、杜文宏⑤、聂林海⑥等学者阐述了我国农村存在着信息化基础薄弱,农民文化水平低,电子商务人才匮乏,运输及物流水平低,传统保守思想观念严重等不利于电商发展的因素。我国农村电子商务的发展明显落后于城市,其核心原因是农村配套互联网及其资源发展不完善⑦,深层原因在于城乡二元结构。对此,李佳妮提出的对策是加强农村网络基础设施建设、提高农民素质;⑧王红等认为发展农村电子商务需要拓展农村信息服务业务、服务领域,使之兼

---

① 曹建平:《浅析我国农村电商发展现状与对策》,《北方经贸》2015 年第 5 期。

② 汪向东:《衡量我国农村电子商务成败的根本标准》,《中国信息界》2011 年第 3 期。

③ 邱淑英、纪晓萃:《基于农村经济发展新思路中电子商务的应用研究》,《企业导报》2012 年第 4 期。

④ 高飞、李奕:《中国农村电子商务市场发展前景研究》,《现代商业》2014 年第 24 期。

⑤ 杜文宏、刘茜:《我国农村电子商务发展研究》,《商场现代化》2008 年第 4 期。

⑥ 聂林海:《我国电子商务发展的特点及趋势》,《中国流通经济》2014 年第 6 期。

⑦ 徐代春子:《农村电子商务发展路径研究》,硕士学位论文,浙江海洋大学,2016 年。

⑧ 李佳妮:《湖南省农产品电子商务发展策略研究》,硕士学位论文,湖南农业大学,2010 年。

而成为遍布乡、镇、村的"三农"信息服务站;①程丽丽则认为应当建立和完善农产品物流配送体系,普及农村居民电子商务的教育培训,提供以农业生产相关的产品、材料和服务为中心的网络贸易平台等。② 部分学者还提出了农村电子商务发展的新构想,如积极构建"互联网+智慧农业"信息平台,为农户提供具有参考性的建议;③如 F to B to M 的发展模式(Farmer 为农民,Business 为农业龙头企业,Marketing 为市场),即创建一个农民与农业龙头企业以及市场三方的产业链。④

除此之外,由于国家的高度重视,相关政策频频出台,加之各大电商平台的有力推动,电商不仅在农村落地生根,其从经济上就业增收的实效也开始扩大。各方着力于营造一个新兴农村商务生态系统。学界将之放在现代化、城镇化、乡村建设与乡村振兴和扶贫的背景下进行讨论,在实践和理论的双重层面提供了更多创新性的启发,其研究成果也形成了相对集中的对话点。

一、对农村电商发展模式的研究

从现有文献来看,农村电子商务发展模式各式各样,包括沙集模式、温州模式、青川模式、义乌模式、遂昌模式、兰田模式、赶街模式,以及本来生活网、顺风优选、沱沱工社、中粮我买网等电商加农户(或农

---

① 王红、张瑞玉、董晓刚:《电子商务与农村经济发展》,《经营与管理》2014 年第 2 期。
② 程丽丽:《基于区域特色的农村电子商务体系构建——以台州为例》,《农村经济与科技》2013 年第 1 期。
③ 张振华:《我国农村电子商务发展面临的困境与创新路径》,《对外经贸实务》2015 年第 12 期。
④ 钟远涛:《浅析电子商务在农村的发展新模式》,《企业改革与管理》2015 年第 3 期。

企)的模式。①

而基于中国农村电商发展模式的研究主要有以下两类典型模式:一类研究是自上而下的政府主导模式,这种模式依靠政府为主导的外在力量推动农村电子商务的发展,在理论研究中无论是基础研究,还是模式、对策与物流方案的研究,都着重于政府主导作用的发挥。如2011年"国家农村移动电子商务示范项目"落户长沙,2014年财政部、商务部发布《关于开展电子商务进农村综合示范的通知》,河北、黑龙江、江苏、安徽、江西、河南、湖北、四川等省纷纷推进了电子商务进农村综合示范县工程②,体现了政府的主导作用,彭剑等人的研究带有明显该模式倾向③。另一类研究是自下而上的农村自组织模式。近几年,在江苏沙集镇、浙江青岩刘村、浙江北山村、浙江遂昌、河北东高庄、江苏堰下村、河南辉县、四川青川、福建中闽弘泰和兰田等地涌现了农村经济主体借助社会第三方网络平台和其他社会资源开展的电子商务自组织模式。这既包括阿里研究院发布的《遂昌模式研究报告》,也包括学者的研究,如蚁晶玉以福建莆田、徐伟等以浙江松阳、丁钧盛以缙云县、陈美菊以河南省、吴婷以江苏省、甘雪松以四川内江为例就自下而上的农村电子商务的模式存在的问题和发展对策进行了有价值的探索。④

目前,两种模式的研究文献逐渐增多,但是多以概述和利弊分析为主,对各种模式的特征、机制、要素等进行比较全面系统地对比、归纳、总结的文献相对较少。2014年,浙江大学管理学院包容性创新课题组

① 林广毅:《农村电商扶贫的作用机理及脱贫促进机制研究》,博士学位论文,中国社会科学院研究生院,2016年。

② 牛禄青:《农村电商:蓝海里的中国》,《新经济导刊》2015年第4期。

③ 彭剑:《湖南省农产品电子商务推进策略研究》,硕士学位论文,湖南农业大学,2008年。

④ 徐代春子:《农村电子商务发展路径研究》,硕士学位论文,浙江海洋大学,2016年。

和阿里研究院联合编写的《包容性创新和增长:中国涉农电子商务发展研究报告》对农村电子商务的发展与创新研究做出了有益尝试,报告将遂昌模式、沙集模式和清河模式进行对比研究,提出涉农电商崛起的三大共性因素:有企业家精神的带头人、产业准入门槛低和宽松的创业环境。①

二、对网络销售中的创业能人/新农人的探讨

在农村网络销售的研究中,学者们普遍关注到其中发挥重要作用的群体——"创业能人",或者说"新农人"。周海琴认为发展农村电子商务的核心要素主要有两个:一个是农村电子商务领头羊式的人物,一个是当地农民的内生力量。② 曾亿武等在对淘宝村的研究中发现:村庄内部的产业基础和设施与村庄外部的电商平台和市场需求作为"创业能人"创业的基础性因素,构成了淘宝村得以产生的市场环境,但没有"创业能人"的出现,这一市场环境只能是两极存在,村庄内部的产业基础无法与村庄外部的市场需求实现对接。因此,淘宝村的出现和发展需要"创业能人"利用村庄内部的产业基础,有效发挥村庄内部的设施并通过电商平台满足村庄外部的市场需求,以此达到内外互通带动农村传统产业转型和村庄经济发展。③ 而对于"创业能人",他进一步指出,这些具有企业家精神和创造力的"创业能人"表现出了与传统

---

① 浙江大学管理学院、阿里研究院:《包容性创新和增长:中国涉农电子商务发展研究报告》(http://www.som.zju.edu.cn/xinwenzhongxin/chubanwu/30731.html)。
② 周海琴、张才明:《我国农村电子商务发展关键要素分析》,《中国信息界》2012年第1期。
③ 曾亿武、邱东茂、沈逸婷等:《淘宝村形成过程研究:以东风村和军埔村为例》,《经济地理》2015年第12期。

农民截然不同的特征：一是年轻化，他们多为返乡的大学生或新生代外出务工人员；二是文化素质较高，受过高中以上的教育且有较强的计算机使用技能；三是互联网使用频率较高，适应互联网环境，拥有互联网思维；四是具备与新潮流对接的思维和能力，知识更新快，了解社会发展的新需求并拥有产品研发和管理的能力。[1]

类似地，汪向东则提出"新农人"的概念。新农人以从事农产品的生产经营活动为主业。新农人的构成是多样化的，有本地农村人口，有外出一段时间的返乡者，也有大量的外来者。他们或来自外乡，或来自城市，其中较多的人具有其他职业背景。在农村从事农产品电子商务经营的网商，就是新农人群体的一个组成部分。[2] 新农人群体逐渐崛起，他们活跃在各类社交平台上，成为电商平台农业领域内最具活力的群体，在各类电商平台上积极推动着农产品电商的实践。[3]

肖葛根等《游与离：农村青年淘宝店主的双重生活面向——以鲁西湾头村为例》一文将研究聚焦于以青年淘宝店主为代表的返乡创业的新生代农民工和大学生，发现他们之所以具有与传统农民截然不同的特征，与他们的个人经历密切相关，即他们游走在城与乡之间。乡村的产业基础和亲属伦理为他们成为淘宝店主提供了内在支撑，而城市的消费文化和经济模式为他们成为淘宝店主提供了发展动力。这种双向吸引和嵌入，加强了城乡交流，使青年淘宝店主成为城乡交融的获益者。[4]

---

[1] 曾亿武：《农产品淘宝村形成机理：一个多案例研究》，《农业经济问题》2016 年第 4 期。

[2] 汪向东：《新农人与"新农人现象"》，《河南日报（农村版）》2014 年 4 月 2 日。

[3] 阿里研究院：《阿里农产品电子商务白皮书（2013）》（http://www. aliresearch. com/? m-cms-q-view-id-76127. html）。

[4] 肖葛根、王艺璇：《游与离：农村青年淘宝店主的双重生活面向——以鲁西湾头村为例》，《中国青年研究》2019 年第 3 期。

三、对农村淘宝及淘宝村的研究

2014 年 10 月,阿里巴巴集团启动农村淘宝"千县万村"计划,计划在未来 3—5 年内投资 100 亿元,建立 1000 个县级服务中心和 10 万个村级服务站,发展中国农村电子商务。"农村淘宝"与全球化、大数据一起被锁定为阿里巴巴集团的三大核心战略,列为阿里巴巴集团的农村电商发展战略。作为首个针对农村市场的发展战略,它很快引起了学界的关注。早期针对"农村淘宝"的研究大多将其作为"互联网+农业"的典型模式之一,常红[①]、杨晶[②]等学者主要分析"农村淘宝"的产生背景、项目内涵、发展演变过程及其各阶段特点,并提出"农村淘宝"项目的未来发展趋势;秦洁[③]从电子商务大环境出发,探讨农村淘宝在"网货下乡""农货进城"两个方面存在的问题。

近些年,随着农村电子商务的产业聚集效应持续发酵,具有专业化分工、劳动力共享等特征的农村电子商务产业集群"淘宝村"逐渐形成。[④] 根据阿里研究院和阿里新乡村研究中心共同发布的《中国淘宝村研究报告(2017)》显示,中国淘宝村从萌芽期到 2017 年,10 年间数

---

① 常红:《阿里巴巴"农村淘宝"发展战略浅析》,《现代经济信息》2016 年第 5 期。

② 杨晶:《农村电商平台的发展演变与展望——以阿里巴巴"农村淘宝"项目为例》,《唐山职业技术学院学报》2016 年第 4 期。

③ 秦洁:《论"农村淘宝"项目实施的障碍因素及其消解策略》,《长江丛刊》2016 年第 27 期。

④ 凌守兴:《我国农村电子商务产业集群形成及演进机理研究》,《商业研究》2015 年第 1 期。

量已突破 2118 个,淘宝镇突破了 242 个。① 淘宝村作为一种极具中国特色的农村电子商务的聚集形态初具规模,引发了学界更为广泛的关注。学界研究大体形成两条路径:一是从宏观上将淘宝村与城镇化、乡村建设与乡村振兴、社会治理和扶贫相结合的理论展开讨论;一是从微观上探讨淘宝村的个案。

在第一条路径下,学者们一致肯定了淘宝村带动村域经济的发展,从而成为推动农村经济社会发展繁荣的重要利器;②淘宝村的兴起为广大农民提供了创业、就业和增收的机会,据统计,2017 年全国 2100 余个淘宝村的活跃网店超过 49 万个,淘宝村平均每新增 1 个活跃网店,即可创造约 2.8 个直接就业机会;③淘宝村作为精准扶贫的重要载体和新途径,也为解决农村贫困和人口结构断层等社会问题提供了新的思路。④ 房冠辛《中国"淘宝村":走出乡村城镇化困境的可能性尝试与思考——一种城市社会学的研究视角》一文指出,淘宝村将乡村的传统和现代因素有效融合,在赋予农民充分自主权的基础上,实现了对农业、农村、农民的一体配套式现代化改造,让乡村城镇化真正能够"记得住乡愁"。不仅在产业上实现了现代化,淘宝村也逐步开始推进互联网医疗和小微金融下乡,以及农用机械、农药化肥、滴灌设备等农用产品质检等一系列现代化服务,未来淘宝村居民从出行、消费、生产,

① 阿里研究院:《中国淘宝村研究报告(2017)》(http://www.askci.com/news/chanye/20171213/101849113875.shtml)。
② 周应恒、刘常瑜:《"淘宝村"农户电商创业集聚现象的成因探究——基于沙集镇和颜集镇的调研》,《南方经济》第 2018 第 1 期。
③ 阿里研究院:《中国淘宝村研究报告(2017)》(http://www.askci.com/news/chanye/20171213/101849113875.shtml)。
④ 林广毅:《农村电商扶贫的作用机理及脱贫促进机制研究》,博士学位论文,中国社会科学院研究生院,2016 年。

到医疗、社保等,都可以借助以淘宝平台为核心的互联网技术来完成。[1] 黄家亮认为,通过淘宝村建设可实现乡村致富、实现乡村的善治。"信息下乡以农民的需求为主导,政府的推动为辅助,从基金开户走出了一条民众、政府与市场合作共赢的道路,这正体现了乡村治理的真谛。"[2]

在第二条路径下,学者们往往通过对某个淘宝村的实证研究,或者几个淘宝村的对比研究,就某一理论或关注点进行较深入探讨,如崔丽丽等以浙江丽水来讨论社会创新因素对淘宝村发展的促进作用[3],李书晶以河南省首个与阿里巴巴农村淘宝项目合作的孟州市农村的实证个案来探讨农村淘宝存在的问题及成因[4],李育林等则以广东军浦村的研究来看地方政府在"淘宝村"发展中的职能定位[5],等等。此外,淘宝村的兴起也为以传统乡村社会文化研究为主题的学科带来了新的研究契机。这一类研究更关注于作为产业的淘宝村的兴起带给乡村社会的变迁,多以学位论文的形式出现。如姜旻旻以江苏省泰州市张郭镇的 Z 村实证研究来探讨信息化高度发展下的乡村"淘宝文化"与乡村文化发生的互动关联,并提出乡村"淘宝文化"对城镇化发展具有生产、消费、文化、民俗等诸多方面的影响,"淘宝文化"的影响强化了该镇本身特有的草根创业形式,形成了初具规模的创业群落,作坊式的生

---

① 房冠辛:《中国"淘宝村":走出乡村城镇化困境的可能性尝试与思考——一种城市社会学的研究视角》,《中国农村观察》2016 年第 3 期。

② 黄家亮:《当前中国农村社会变迁与基层治理转型新趋势——基于若干地方经验的一个论纲》,《社会建设》2015 年第 6 期。

③ 崔丽丽、王骊静、王井泉:《社会创新因素促进"淘宝村"电子商务发展的实证分析——以浙江丽水为例》,《中国农村经济》2014 年第 12 期。

④ 李书晶:《孟州市"农村淘宝"发展的调查与分析》,硕士学位论文,河南工业大学,2016 年。

⑤ 李育林、张玉强:《我国地方政府在"淘宝村"发展中的职能定位探析——以广东省军浦村为例》,《科技管理研究》2015 年第 11 期。

产生活方式弱化了原有的农耕文化,推动了独立完整产业链的出现,形成了竞争与互补关系并存的发展状态。与此同时,乡村"淘宝文化"也为村民交往行为和交往方式注入了新的生机和活力。[①] 臧新宇从社会学的角度考察了内蒙古第一个淘宝村——巴林左旗房身村,认为淘宝村在行政上是电商扶贫的产物,是电子商务和农村集体所有制在发展过程中的结合;经济上它是电商产业链条上原材料生产加工的低端环节,是电商体系中的一种低级形式。但同时它又是以地域为界限的,从事电商阶层的生活共同体,是电商群体从自在到自觉,并被外界承认的一种写照。[②]

四、对农村微商兴起的研究

农村电商经过几年的高速发展,业态不断创新。在经历了 PC 互联网时代的阿里巴巴、京东、苏宁三大电商大举进军农村市场后,网络进入移动互联网时代,随着电商平台上卖家迅速增多,线上流量红利的消退及共享经济时代的来临,以微商、网红直播、朋友圈等为代表的新型社交电商开始崛起。

对于微商的定义,刘明伟[③]、黎清霞[④]、俞华[⑤]等学者都给出了自己

① 姜旻旻:《当代中国乡村"淘宝文化"研究——基于江苏泰州"Z 村"的样本调查》,硕士学位论文,苏州大学,2017 年。

② 臧新宇:《技术发展与新型电商群体的社会学研究——以巴林左旗十三敖包镇淘宝村为例》,硕士学位论文,内蒙古师范大学,2019 年。

③ 刘明伟:《当人们都在谈论微商的时候,他们到底在谈论什么》(http://www.iheima.com/article-147674.html)。

④ 黎清霞:《我国微商发展状况研究》,《商》2015 年第 16 期。

⑤ 俞华:《我国微商新业态发展现状、趋势与对策》,《中国流通经济》2016 年第 12 期。

的定义,中国电子商会专业委员会《2016—2020 年全球微商行业全景调研与发展战略研究报告》认为,现代意义上的微商是基于移动社交平台发展而衍生的一种去中心化的电商形态,是企业或者个人基于社会化媒体所开展的新型电商模式。与传统电商以商品为中心,主营货物生意不同,微商以人为中心,主营人际关系,通过人际关系获得信任,再凭借信任卖出商品。微商主要有两种模式:一种是基于微信公众号的 B2C 微商,另一种是基于朋友圈开店的 C2C 微商。① 微商由于准入门槛低、投入小、方便快捷等特点,近年来呈快速增长态势,已经成为移动电商的主要形态之一。

伴随当下"互联网+"国家战略推动大众创业、万众创新工作的开展,以及分享经济理论的指导,微商也成为乡村振兴、农村自主创业及精准扶贫的一条新途径。一些学者指出,对于农民而言,微商的优势在于:从技术使用和注册程序上比传统电商准入门槛低;网络平台管理、店铺装修、页面推广等运营成本低,仅通过简单的文案撰写、图片拍摄及日常沟通就能完成交易;②熟人营销模式信誉度高;③交易双方互动性强,由于其本身就是一个互动社交平台,依托自身社交圈,随即就可以转变成销售渠道。且农户在产品销售的过程中,可通过用户的信息反馈了解用户对农产品的需求及产品推广的情况,同时农产品非标准化的特性正好利用了微信的社交基因,缓解了陌生人交易中对标准化的要求,且微商销售农特产品过程中唤起了民俗风情,或寻求与用户之

① 中国电子商务研究中心:《2016 中国微商行业市场研究报告》(http://b2b.toocle.com/detail-6354477.html)。
② 王紫薇、吴建霞、何宜航等:《论个人微商在农村精准扶贫工作中的比较优势及提升策略》,《经济研究导刊》2019 年第 13 期。
③ 匡文波:《中国微信发展量化研究》,《国际新闻界》2014 年第 5 期。

间情怀的互动。①

但也有学者关注到,与传统电商平台相比,微商也存在自己特殊的问题,如缺少政府扶持政策投入,缺乏区域公用品牌,交易环节监控松散,缺乏监管机制等。② 此外,基于社交平台容易透支自己的人脉,难以做大,成长潜力有限;③还有的研究则指出农产品作为微商的主要经营范围,对物流网络要求较高,生鲜农产品要求冷链物流,但目前中国只有10%的肉类、20%的水产品、少量的牛奶和豆制品进入了冷链系统,缺乏保鲜措施,导致生鲜农产品的高损耗率;④还有一些售卖虽然发生在社交媒体上,但作为社交媒体的属性并未得到充分的发挥,而更多的是发挥了公告板的功能。尤其微博传播只承担对外发布信息,或宣传导入电商页面,并没有实现对称的反馈信息,未实现完整的传播链条;⑤与此相对,学者从出台农村个人微商扶持政策⑥、提升微商产品质量以及建立市场监管机制⑦、建立"快速"和"全程冷链"物流体系⑧等方面提出对策以促进农村微商的发展。卢涛等则基于目前农特微商运营存在的问题,提出了农特产品的公司化农特微商运营模式、产业链式农特微商运营、团体式农特微商运营和供应链式农特微商运营四种发

---

① 李景景:《微商在农村电商发展中的优势及问题分析》,《农村经济与科技》2016 年第 22 期。

② 李景景:《微商在农村电商发展中的优势及问题分析》,《农村经济与科技》2016 年第 22 期。

③ 康斯坦丁:《比淘宝更接地气? 农村市场为何爱上微商》,《中关村》2016 年第 3 期。

④ 徐佩娴:《农产品微商的物流服务网络建设研究》,《中国市场》2015 年第 42 期。

⑤ 李凌达:《新媒介平台与乡村媒介化演进——以农民利用微博售卖农产品现象为例》,《新闻与传播研究》2015 年第 7 期。

⑥ 王紫薇、吴建霞、何宜航等:《论个人微商在农村精准扶贫工作中的比较优势及提升策略》,《经济研究导刊》2019 年第 13 期。

⑦ 李晓霞:《微商农产品市场监管对策研究》,硕士学位论文,云南农业大学,2017 年。

⑧ 徐佩娴:《农产品微商的物流服务网络建设研究》,《中国市场》2015 年第 42 期。

展模式。①

无论如何，正是在这样的态势下，到 2014 年，微商从业者已达 1000 万人，而淘宝网经历了 10 年时间才达到这样的规模。根据 2015 年进驻微信公众平台的中小微商销量排行数据统计，美妆、农特产品、母婴孕产品位居市场前三，三者占市场份额的比重超过 80%。其中，农特产品占 25.8%②，且农村市场仍具备巨大潜力。有学者预测，"到 2020 年，农村电子商务销售额将达到 5000 亿元"③。

可以说，农村微商的兴起成为学界一个新的关注点，在产业经济、技术经济、经济管理、信息化等学科领域积累了大量成果。但可以看到，目前存在研究成果数量虽多但缺乏深入有影响的研究，甚至绝大部分研究还停留在宏观层面的描述，基于农村实证的研究寥寥无几。值得一提的是李凌达从传播学角度对农民利用微博售卖农产品的研究，他认为这种微营销作为推动力，促进了传统意义上新媒介的使用和转型，和城市居民热衷于新媒介社交功能和朋友圈功能不同，对于乡村来说，新媒介的商业功能能够得到更大程度的发挥。作者进一步指出，"微营销"同时比较符合都市类媒体的新闻定位，农产品滞销、微博求助、乡镇干部开通微博等关键词本身就能够引发媒体的关注，尤其当农产品的购买者与公益结合在一起，因为其符合社会主义核心价值观的要求，就更容易受到主流媒体的关注，进而推动微博售卖农产品的创新扩散。需要看到的是，公益营销通过公益活动，汇聚社会正能量。但对

---

① 卢涛、邓俊森：《基于"互联网＋"的农特产品微商问题研究》，《农村经济与科技》2016 年第 15 期。

② 俞华：《我国微商新业态发展现状、趋势与对策》，《中国流通经济》2016 年第 12 期。

③ 张喜才：《电子商务进农村的现状、问题及对策》，《农业经济与管理》2015 年第 3 期。

于农民来说,公益更多只是售卖农产品的形式或者渠道,公益的具体内涵并未在乡村社会得到深入传播,公益成了消费的代名词。与此同时,李凌达也注意到新媒介商业功能在农村开展的主体同样是"新农人",当地土生土长的农民大多听从"新农人"指挥,并没有构建起自己的微博,更不能达成普通农民对新媒介技术及其销售渠道的认知,普通民众依旧要借助组织的力量,通过意见领袖实现使用新媒介平台的目的。①

第二节 推销"瑶山"

在金秀,瑶族人不但利用互联网和手机媒介将外面的世界带入瑶山,而且还积极将瑶山的民族文化、当地特产借助网络推向世界,真正做到瑶山与外部世界的互通互连。笔者在本节将从民族文化、民族土特产品销售等方面,展示当地人是如何借助网络推销"瑶山"的。

微信公众号是微信推出的一个功能。通过该功能,个人或群体可以实现信息的大众传播,包括文字、图片、语音、视频等。金秀瑶山人也借助该功能,开通公众号宣传金秀瑶山。这些微信公众号可细分为三类:第一类是以政府名义开通的公众号,多发布政务内容;第二类是商家开通的微信公众号,旨在商业宣传和提供服务;第三类是个人开通的以服务与宣传瑶山为目的的公众号。前两类公众号有着较为明确的限定和特定的目标,笔者不再赘述,在此主要分析个人开通的微信公众号。

---

① 李凌达:《新媒介平台与乡村媒介化演进——以农民利用微博售卖农产品现象为例》,《新闻与传播研究》2015 年第 7 期。

2016 年 10 月，金秀瑶族的 NM 以个人名义开通的微信公众号"来自瑶山的声音"应该算是较早的实践。我们从该公众号的简介中可瞥见金秀瑶族个体所希望展示的金秀、瑶族和瑶山。"来自瑶山的声音"公众号简介中写道"瑶族文化学习与分享，文化产业创新与开发，大瑶山特产交流和供销，及山里学子的成长故事"，在该介绍中，四类信息被重点提及，这四类信息可视为该公众号希望展示的内容。第一类是瑶族文化。这类信息多与瑶族民俗相关，包括服饰、建筑、节日等。当然，展示大瑶山自然之美的文章和图片，也可以归在此类信息中。第二类"文化产业创新与开发"和第三类"大瑶山特产交流和供销"反映的是瑶族渴求的市场融入。文化产业指的是依托瑶山特有的文化、地理等优势形成的特色产业，公众号发布的主要是旅游产业等。比如 2018 年 11 月 13 日和 24 日分别发布在六巷乡即将举办的"首届花篮瑶文化旅游节"的信息。其中对该旅游节的简介充分展示了金秀瑶族希望呈现的金秀瑶族及其文化，以及可能的市场对接。该简介写道：

> 为进一步传承和弘扬花篮瑶传统文化，搭建民族文化宣传展示平台，由中共六巷乡委员会、六巷乡人民政府主办，金秀花篮瑶文化协会承办的"广西金秀·首届花篮瑶文化旅游节"将于 11 月 24 日在六巷乡举行。活动内容有大型开幕式及瑶医、瑶药文化研讨会，花篮瑶原生态歌舞、织绣技艺、民间绝技展演，花篮瑶成人礼、婚礼、簸箕肉宴等特色文化实景展示，并组织参观花篮瑶民俗村寨及生态博物馆等。

"来自瑶山的声音"由于开通较早，且内容契合瑶民期待，因此关注者较多。长年在外务工的青年 HT 就是该公众号的忠实粉丝之一。他听说我们来做调查,就主动推荐我们关注该公众号,并说"里面有很多文章说到大瑶山的习俗和文化"。他告诉我们:

> 我一开始看到这个公众号是在朋友圈里。有朋友转发了里面的文章,我看了一下觉得写得很好,就关注了。晚上休息的时候,我会经常打开看一下,看有没有更新。这个公众号很好,让外面的人看到瑶山。比如,如果我们要搞瑶族特色的旅游,就可以通过这个公众号,让外面的人看到我们这里有特色的东西,有瑶族文化的东西。

他接着指着公众号于 2018 年 11 月 24 发布的"首届花篮瑶旅游文化节"的文章说:

> 你看,这个旅游节(宣传)就是这样。通过微信公众号图文并茂介绍旅游节,这样一来,有兴趣的朋友就会来。不了解这个地方瑶族文化的朋友,也能看到这里的风景和风俗。总之,通过公众号,可以让有些人在有时间可以出游的时候,也能将金秀六巷乡考虑进去。

HT 是个热爱瑶族文化的瑶族青年。他也表达了对瑶族文化的热爱:

> 我们出门在外,更加地爱惜自己的文化,也非常地想把自己的文化宣传出去,看到这些文章就喜欢转发。我们在外面工作,认识

的来自不同地方的人就更多，这样能够看到大瑶山文化的人就更多了。

实际上，抖音也同样起着宣传金秀瑶山和瑶族文化的作用。HT 也是抖音爱好者，放假回家，他也会发送瑶山内容到抖音上面。笔者查看他的抖音发现，他发布的大多是大瑶山风景。我们访谈时正值冬季，他就将大瑶山植物结冰的美景拍摄下来发布到抖音上。笔者后来在抖音上面搜索，有较多视频来自金秀大瑶山。视频内容大致可以分为三类：一类就是大瑶山自然美景，如著名的圣坛山，以及一些云海风景；一类是大瑶山土特产，如酸菜、茶叶、腊肉等；还有一类是瑶族风土人情，尤其是一些仪式或节日的片段。

图5-1　瑶山景色（六巷村村民 WLY 摄，转自其微信朋友圈）

4G 网络覆盖以及智能手机的使用，使得瑶山进一步向外开放。封闭但迷人的瑶山风景及瑶族风情的神秘面纱逐渐被揭开。透过网络，瑶民也看到了瑶山地区的地理优势和特有的文化所具有的市场潜力。

于是他们开始借助网络,走向市场。其中,网络销售就是其中的一种尝试。

从我们对门头村、六巷村以及架梯村三个村子的调查来看,网络销售已经起步,但是发展空间似乎还很大。很多人看到了希望,不过因种种顾虑还在观望中。有一次,笔者在六巷村走访时遇到一家人在做传统米糕。笔者加入进去,并跟一位年轻妇女攀谈起来。其间,聊起网络销售,她说:

> 我们做网络销售的还很少,在做的也大多是去金秀做。我们其实也是挺想做的。不过,我们不会(网络销售)呀,不知道怎么做,也没什么人来教我们。

总体来看,大瑶山进行网络销售的人数不多。六巷乡是金秀重要的瑶族聚居区之一,不过交通不便,参与网络销售的村民较少。从我们的调查来看,从事该行业的大多是 30 岁左右的年轻人,他们对网络比较敏感。虽然六巷乡从业人员较少,但是希望参与进来的年轻人似乎越来越多。不过,他们似乎都在观望,毕竟是一个新事物,做"第一个吃螃蟹的人"需要较大的勇气。

而对于中年人而言,网络销售则似乎比较陌生。架梯村 ZX 大叔在柳州从事蛋鸡养殖生意。他需要自己推销售卖鸡肉和鸡蛋。不过,他的推销手段依然是以传统的熟人介绍为主,而对网络销售并不了解。当我们试探性询问"是否希望通过网络进行销售或者宣传?"时,他直截了当地说:"没有,我现在状态就很好了。"他还说:

> 我现在还是依靠熟人的介绍。有时,我也会在城郊一些地方

张贴一些小广告。我现在基本上都不用微信，也没有什么微信群，也不会发朋友圈。平时有什么事情也都是打电话。我没有什么时间玩手机，每天都在外面到处跑客户，拉销售，寻找养殖、防疫等方面的专家和知识。

当然，也有一些中年人比较敏感。六巷村经营小卖部的 CS 大叔就是一个代表。他认为在大瑶山做网络销售还是很有前途的。不过，由于网络、交通等各方面的原因，大瑶山的网络销售主要还是集中在金秀县城。他说：

> 在金秀县城，网络主要售卖有瑶山特色的农产品和土特产。经过深加工的一般都会拿到网络上卖；而没有深加工的，外面会有人来收购。有些人家根据时节卖些土特产，时间一过就关门歇业或者出去打工了。

有意思的是，最近一些年红火起来的金秀瑶山旅游业，给六巷乡带来了不少生意。CS 对此深有感触：

> 近几年，很多游客来我们这里玩，会喜欢买我们的特产，特别是那些没怎么加工的土特产。我们有些土特产是有时节性的。

接下来，笔者重点以架梯村 HJ 大姐的茶叶网络销售以及门头村 LK 夫妻的土特产网络销售来仔细剖析金秀农村村民个体自发开展的网络销售业务。

（一）从线下到线上：茶叶"走出去"

2006 年左右，架梯村 HJ 大姐的丈夫在外地一个茶厂工作，跟着厂里师傅学会了制茶手艺。于是，2009 年返乡自主创业，并于 2010 年开了一个小型茶厂。茶厂规模很小，主要是从村民手里购买新鲜的茶叶回来，然后在茶厂里面进行再加工，加工好的茶叶主要是运到外面去卖。他们主要做三种茶。一种叫"清明茶"。这种茶叶产自金秀野生茶树，茶树名村民也叫不上来。因为这种茶叶通常是清明节前后采摘，因此得名"清明茶"。这种茶比较出名，销路较好。最近一些年的清明前后，架梯村村民会全员出动，上山采摘清明茶。采摘之后，基本由 HJ 夫妇经营的茶厂收购。清明茶具有很强的季节性。HJ 说：

> 清明时节收清明茶，这段时间很忙。有时忙起来，连自己家山上产的清明茶都没有时间去收。清明茶就要这个时间收，这时候收回来的茶，是最好的，也是最香的。如果过了清明之后再收的话，茶叶的味道就会变淡，价格也会随之下降。

在瑶山，另一种野生茶叶也同样受市场欢迎，这就是石崖茶。石崖茶名气颇大，不只金秀有，广西很多地方都产。不过，因为金秀特殊的高海拔优势，金秀石崖茶更出名一些。一位金秀个人开设的名为"广西金秀大瑶山特产"的新浪微博账号早在 2013 年就发文介绍金秀野生石崖茶，该博文写道：

> 野生石崖茶则是大瑶山的山中珍品……山区日照短、温差大，多阴凉潮湿的石山峭壁或山洞，又因该茶长于悬崖绝壁，可谓吸天地之灵气，采日月之精华。得天独厚的生态环境，孕育出风格独特

的纯天然饮品。旧时则须驯猴采摘，民间又称为"仙茶""猴摘茶"。

除上述两种茶之外，HJ还经营红茶。不过，她坦言，市场好的还是前两种茶。这似乎也印证了大瑶山的优势在于它的地理与民族特色，因此"野生"成为金秀产品的重要标签之一。

制茶是技术活，也是体力活，HJ跟我们聊起制茶艰辛时说道：

> 以前刚做的时候，是用柴火来烘干茶叶。那时候做茶，每天晚上都是通宵烘干茶叶。如果你没有看着烘烤茶叶的话，过了那个时间点，烤出来的茶就不行，茶叶就会变味。后面改成了用电，但是做茶的机子有时候会出问题。有一次，一共烤了三箱茶叶，有一箱的灯不会亮，另外两箱的火又特别大，最后，茶烤出来，就全是烟熏的味道。又比如石崖茶，如果采下来不及时处理的话，就会"发烧"，就是本来是绿色的茶叶，变成了红色的。说实话，做茶这么多年，做坏的茶也挺多的。这些没有做好的茶叶，我也不会往外面卖，都是留下来自己喝。

HJ一开始做茶厂，以实体销售为主。一般都是批发，卖给一些茶庄和个体户。不过，最近几年，HJ一直在向网络销售发力。第一次发力是在淘宝上卖茶叶。HJ的大哥曾在淘宝上开店，也把HJ的茶叶放上去卖。不过，因大哥事情太多，后来就不再委托大哥帮忙了。第二次发力是在2017年，HJ开始在微信上卖茶叶。不过，HJ在成为卖茶微商前，已经利用微信销售渠道试水过化妆品等销售。

2016年，制茶空隙，HJ爱上网看看，QQ和微信都玩得比较溜。她看到QQ空间中很多朋友在卖化妆品和衣服。于是,她也学着在QQ空间卖化妆品。不过,很快,她开始拓展思维,既然可以在QQ中卖化妆品,那不是也同样可以在微信里面卖土特产吗?于是,她就在微信中售卖茶叶,以及自己家其他富余的农副产品,同时也帮自己娘家和亲朋好友售卖他们的农副产品。这样,HJ就顺其自然成了一名微商。那么,HJ如何销售呢?她告诉我们:

一般,网络上不管订量多少我都会发货。不过,具体情况还跟快递物流相关。买的量大,一般我都会包邮。而如果买得少,比如只买一两斤。那就要看情况,如果价格卖得贵的话,那么我就会包邮。如果卖得便宜的话,那么我就要客户自己出邮资了。另外,因为我们村里没有快递公司,我们要到桐木镇才能寄快递。所以,量大的话,我会自己专门跑去寄。但是,如果量小,就划不来专门跑了。一般是等村里有人出去,就请他们帮忙带茶叶去寄一下。

我一般都是在朋友圈里面发营销的广告。平时,遇到合适的人,我就会加对方好友。不过,一般也不聊天。他们看到我朋友圈的推广,如果感兴趣,就会联系我。网络销售,积攒客户很重要。我现在需要尽可能拓展客户。我还喜欢加入一些群,然后,我在群里面寻找合适的客户,加他们微信。

现在,我不单在微信朋友圈卖茶叶,我还会推销其他一些瑶山的土特产,像香菇、灵芝、蜂蜜、野葡萄等。不过,茶叶还是我主要的销售产品。除本地人买之外,广东人买的比较多。到目前,我还没有收到什么投诉和退货。不过,有少量顾客会说,我的茶不是太好喝,味道太淡了,也不是太香。但是,毕竟每个人的口味不同。

我们访谈时，HJ 正在筹划第三次发力网络销售。这次，她瞄准了拼多多。拼多多的官方简介是"新电商开创者，致力于将娱乐社交的元素融入电商运营中，通过'社交+电商'的模式，让更多的用户带着乐趣分享实惠，享受全新的共享式购物体验"。拼多多以"低价"加"社交"的模式，受到不少三线城市以及中老年人的欢迎，市值迅速攀升。那么，HJ 为什么想在拼多多开店呢？她告诉我们：

> 从开店的角度看，拼多多操作起来比淘宝更容易一些。我知道拼多多，其实是一个偶然的机会。有一次，一个客户把我拉进了一个微信群里面，里面都是一些搞网络销售的。不光卖茶叶，还有卖各种东西的。有一个卖护肤品的就发了一个链接出来，让大家去他的店看一下。我上去一看，那个人的网店其实做得一点都不好，只有两样东西，我当然就想，这就敢开网店了！我又转念一想，看来我自己也可以弄一个。所以，我就下了一个拼多多的商家版。

不过，因为网络销售还是刚刚起步，HJ 主要的茶叶依然通过实体销售途径交易，网络销售只占很小的一部分。每年做茶的量还是主要看批发客户的订单量，以订单量来做茶叶，并略微多做一些出来。这些剩下的茶叶就用来零售，从网上卖。

（二）网上"瑶酸坊"

门头村 HYG 和他的妻子 LK 可以算是六巷乡网络销售的重要旗手之一了。与 HJ 不同的是，HYG 夫妻的销售几乎完全网络化了。他们通过微信进行宣传，寻找客户，联系下单，然后线下发货。我们刚到门头调查时,恰逢 HYG 家正在建新房。HYG 告诉我们,他家曾是门头村扶贫对象之一,现在自己创业成功,算是"逆袭"了。现在回看来时路,HYG 夫妇似乎已经有了一套自己的"人生哲学",他们认为他们之所以能够成功,与他们较为超前的想法是分不开的。HYG 说:"我和我老婆的想法也确实是这里的人里面比较新颖和超前的。"他的妻子补充道:"我们不会在意其他人的目光。我们觉得这条路适合我们,就可以了。日子是自己过的,又不是别人在过。"

网络销售的第一步就是发展客户。与 HJ 类似,HYG 主要是通过微信宣传并发展客户。HYG 说:

> 客户都是一个介绍一个的,滚雪球一样。现在,我的微信里面有两千多个好友。其中,大多数都是我不认识的。通过我们宣传推广,一些老客户介绍新客户跟我们加好友。

不过,笔者发现,HYG 夫妻的客户推广手段很多也很超前。比如,他们用得比较多的就是"集赞"和"发圈"。"集赞"是一种重要营销手段。客户想买 HYG 家的东西,那么客户可以将 HYG 家做好的推广文案发送到自己的微信朋友圈,然后获得微信好友的点赞,点赞量达到一定数量后,客户购买 HYG 家的东西就可以获得一定的优惠额度。这样,客户越多,宣传量就越大,给出的优惠可算是"广告费",但是这个"广告费"是很便宜的。

第二类就是"发圈"。除 HYG 夫妻自己发圈外,还有一种重要的营销推广手段是客户发圈。这时,客户一定程度上只是被 HYG 家"雇来"发圈。客户按照约定,每天发,或者隔几天发,在规定时间内,可以获得 HYG 家的奖励。

不仅仅是微信朋友圈宣传，他们还把宣传阵地搬到抖音。比如我们调查时 HYG 就刚发了一个抖音视频。原来，几天前他在家做腊肉时，火势旺，忘了时间，结果整只猪都烧没了。他将这个场景拍摄下来发到抖音上面。笔者询问拍摄缘由，他说："一则是为了记录生活，这就是生活嘛！这样挺好玩！另外可以增加我们的知名度。大家看过之后，就会觉得，哦，原来这家腊肉是这么做出来的呀！绝对原生态！也许，一些潜在的客户就这样关注了我们和我们的产品。"

此外，HYG 家的网络销售模式也很特别，类似一个"金字塔"结构。随着时间累积，他们通过网络发展出了不同等级的众多代理人。刚开始只是 HYG 和他妻子 LK，随着销售量增加，知名度越来越高，于是开始发展第一层销售代理。这一层代理通常是 HYG 和 LK 比较熟悉的朋友或亲戚，有一些生活在外地，有一些依旧生活在瑶山。除此之外，还有一些早期老客户，这些老客户中的一些人直接成为第一层代理，有些则被发展为第二层代理。

老客户发展而来的代理，就大多不是在现实生活之中熟悉和相互了解的人，可能是完全就没有见过面的本省或外省的人。按 HYG 的说法："他们一般都是买了我家的东西之后觉得好，就会向自己身边的亲朋好友们推荐。推荐的人多了，很多人都会来问、来买。渐渐地，他们也就成了一个代理商。"

此外，为了方便发货，HYG 夫妇还发展出一个较特别的代理，就是广西柳州代理。由于柳州物流较为便捷，因此柳州代理不但自己发展客源，还直接承接 HYG 及 LK 的订单。HYG 家就会一次性发很多货到他那里，然后有订单了，就会从柳州发出去。这也是因为快递没有通到瑶山六巷乡，更不可能到门头村，出去寄一次快递耗时耗力很麻烦。

不过，LYG 家会对价格进行一定的控制。比如，HYG 夫妇虽然现在站在了"金字塔"的顶尖,但是不代表他们的商品就全部交给代理来做,他们现在也依旧直接卖东西出去。不过,直接从他们这里买东西的价格和从他们手里批货再卖出去的价格是一样的。以腊肉为例,代理卖30元每公斤,如果顾客直接找他们买,也是30元每公斤,是不会便宜的。只是他们给代理的价格是25元每公斤,但是第一层代理之下的那些代理,他们就没有办法知道和控制到底卖多少了。他只能保证第一层代理商的价格是一致的。

目前,HYG大哥在持续扩张并广收代理,特别是在朋友圈里面。代理的要求也很简单,微信通讯录里面的好友人数超过500人,每天能够发三到五条朋友圈,有责任心,不三天打渔两天晒网的人,过一段时间就能够成为代理商了。

LK还告诉我,她的很多代理人是在外面务工的老乡。问及原因,她说:

> 这些到外面打工的人,常常会很想念家乡的东西。他们就会从我这里买这些原汁原味的家乡特产。往往,他们不单单自己买,还会推荐给自己的朋友。你想,在外打工的人,当然也挺想自己家乡特产能得到别人的关注和喜欢啊。这样,就有越来越多的朋友通过他来买特产。这样,他们也就成为代理人了。

与此同时,HYG家还在扩大业务范围。除了自家常卖的产品腊肉、腊肠以及酸品外,他家还在尝试拓展时令性的竹笋以及瑶山各类野菜。HYG还告诉我们,他现在还在种植一些欧洲坚果,也在搞一些纯天然稻米,以便以后售卖。

我们访谈时,他们告诉笔者,他们已经在六巷村街道买了一个店

面,正在筹备开一个专卖店。专卖店就叫"瑶酸坊"。对于这个名字,HYG 告诉我们:

> 其实,"瑶酸坊"一直就是我们的微商品牌,主打瑶山出品的各类酸菜。此外,腊肉、腊肠也是重要产品。我们还填写了注册商标的申请,已经提交了上去。第一次提交没有通过,因为我们一开始连着少数民族的图案一起申请,被驳回了。现在只是单纯的文字申请,这样申请下来的可能性要更大一点。

未来,HYG 准备在店里经营三种业务。第一个业务是 LK 专注在做的瑶山各类酸菜酸品。LK 在试图扩张她的酸品销售地域,她对现在的销售地域受限有点不满,她说:

> 我做的这些酸品,其实现在网上也有很多人在卖。我看了一些他们做的酸品的图片,我觉得主要就是一些泡菜类的东西。而我的产品,主要还是我认识的人,以及大瑶山里面的人在买。外地人买的不是太多,我觉得主要可能还是他们不太吃得惯我们这些东西。

第二个业务是售卖腊肉、腊肠之类的肉产品。HYG 和妻子 LK 产品制作有分工,LK 主要负责制作酸品,而 HYG 则主要负责制作腊肉之类的肉产品。HYG 强调腊肉制作的原生态,自己采购猪肉之后,用瑶山瑶族传统窑烧法制作腊肉。采用这种方法制作腊肉对技术要求比较高。前面提及,HYG 就因火势未把握好,导致整只猪都被烧焦。

第三个业务是在六巷村办一个快递代收点。据 HYG 所言,之所以做这个业务,是出于三个方面的考虑。第一,六巷乡没有快递点,寄快递需要到附近中平镇或桐木镇,非常不方便。第二,接收快递,也需要到中平镇或桐木镇去。当然,也可以请六巷村到桐木镇的班车代拿,但是价格比较贵,无论大小,司机都要每件收五块钱取件费。第三,他家搞网络销售每天都要跑桐木镇寄快递,而在六巷村办个快递业务基本是顺手做的。当然,HYG 强调,这个业务不是为了赚钱,主要就是方便村民。他说:

> 这不是一个商机,我们觉得这主要是在为老乡们做一点好事,并不是为了发财,真的是为了方便老乡们。到时,我们收钱会很便宜,小的一件一块钱,大的一件也就两块钱。主要是方便村民。

有了前面提及的"人生哲学",HYG 和 LK 对未来信心满满:"我们觉得自己现在走的这条路是这里的人没有走过的。可能大家会不认同,但是不要紧,我们依然会坚持走下去的。"

(三) 走出去的瑶绣

除了瑶山特色土特产,瑶山的一些艺术品也在寻找市场对接的出口。其中,瑶服及瑶绣就是其中的代表性产品。实际上,在金秀瑶山,村民真正着瑶服的是很少的。大部分村民从市场购买衣服,装束打扮已经与汉族无异。因此,在金秀,很难从外表装束判断一个人的瑶汉族属。当然,在一些比如婚礼、特定仪式以及一些重大民族活动等的特定场合,瑶服会涌现出来。瑶服除了特殊的材质与剪裁工艺外,其实最吸引人的当数装饰其上的瑶绣。瑶绣图案精美繁复,深受人们喜爱。

虽然大部分瑶族服饰退出了瑶族的生活舞台。但是,一些瑶族特色的日常生活小物件,依然在瑶族人生活中扮演重要角色,比如瑶袋——一种装饰有瑶族刺绣的单肩小包。瑶袋是很多村民外出的标配,他们出去做工时就会带上一个,装一些要用的东西。因此,它在当地市场上的需求量还是挺大的。而且,随着金秀旅游开发,它逐渐成为一种较受欢迎的代表瑶族特色的民族纪念品。

我们在六巷乡做调查时,正值春节期间,不时会遇上三五成群的游客。我们刚到门头村时就遇到一群人在村中走动,后经攀谈得知,他们都在柳州工作,有的是记者,有的是律师,有的是公务员。他们因为摄影爱好而走到一起,经常到柳州附近寻访山水。而金秀六巷乡,是他们最经常来访的目的地之一。在六巷村,有一家小店铺售卖瑶袋,一位老奶奶在店铺里绣花。不过,一些游客认为,这些瑶袋为了显得"时髦",做了一些改变,而来这里的游客大多喜欢原汁原味的"土"东西。因此,这家店铺的瑶袋生意并不好。当然,瑶袋也不是这个店铺的主要生意。这家店铺主要经营一些布匹和瑶绣需要使用的配饰。大多数时候,游客喜欢从村民手里面购买瑶绣。可惜的是,瑶绣费时费力,村民手里未必有闲置的瑶绣供游客购买。

有时,即便游客表达对瑶绣的喜爱,村民也不太敢贸然去绣。门头村一位村民告诉我们:

> 我们不是专门做瑶绣的。我们平时有时间就绣一点。绣一个东西往往要花很多时间。可能今天游客说很喜欢,但是等到几个月之后绣好了,他是不是还喜欢就不知道了。再说,这个游客到时会不会回来,都说不准呢。

为此,一些做瑶绣的老人或中年人,会先绣几个样品放在家里。如果有游客找他们买,他们就把样品展示出来,让游客挑选样式。如果游客喜欢的话,他们就约定好开始绣。一般瑶绣制作进度比较慢,平时又要下地干活。一个简单的瑶袋,都要绣上一个月。为了及时沟通,并确保后续交易的顺利进行,他们一般会与游客互加微信。门头村的盘瑶大姐 ZYF 也做瑶绣,她告诉我们她的微信的使用情况:

> 来这里的游客,想要我绣的(瑶绣)时候,我们就先约好价钱,然后我就开始绣。我们会先加微信。然后,隔一些天,我就会在微信中不定时给游客发照片,让游客看看目前所绣的半成品。这样也可以让游客得知瑶绣进度。绣好之后,我就会通过快递的方式寄给买家。等到游客收到东西之后,就会从微信上按之前谈好的价格转账给我。

ZYF 最近赋闲在家带小孩,因此有较多时间可以绣,而且她除了自己会绣盘瑶的瑶绣图案外,还会绣花篮瑶的瑶绣图案。这是因为,她是盘瑶,现在又嫁到门头村,门头村是花篮瑶村寨,所以花篮瑶瑶绣她也学会了。她希望拓展瑶绣生意。她通常会告诉已经购买的游客,希望对方能够帮忙推荐给朋友。她也给笔者分析了一下金秀瑶绣的销售情况:

> 一般的游客到了我们这里,会有一些人爱好瑶绣。不过,因为是游客,买的数量一般比较少,而且喜欢买比较小的东西。基本上不太买民族衣服,因为买了之后基本穿不到。所以,大多数(游客)比较倾向买一些实用的小的瑶绣物品。不过,近几年,偶尔会有从广东那边来的人,听说他们是搞博物馆收藏的。他们就爱买

瑶族衣服。这些衣服，村民都是成套成套卖。有时，有现成的，就直接卖了。没有的话，就要预订，绣好之后，寄过去。这种成套衣服就比较贵了，通常，至少都要五六千元一套。

由于旅游是带动瑶绣销售的主要推动力，因此瑶绣逐渐成为一种旅游产品。这就导致瑶绣的市场价格随着旅游的淡旺季而波动较大。比如，瑶袋平时可能卖200元一个，但是春节期间，至少卖300元一个。同样的东西，可能不同的村民给出的价格也差别较大。有些游客200元买到一个瑶袋，有些游客则花了500元买到一个。因此，我们访谈的一位游客就直言："说实话，我们不知道到底多少钱可以买到一个。价格相差太大，把我们弄得很困惑。这种价格太虚了，总觉得自己可能上当受骗了，不敢买。"

从笔者的田野调查来看，虽然在六巷乡从事网络销售的总体人数不多，但是也并不算少。不过，最后真正能够依靠网络销售继续存活的确实不多，而这些能够继续生存下去的网商，其特点大多是"推销瑶山"，即其网络销售的产品大多是瑶山特产，如上文提及的茶叶、瑶酸、腊肉、瑶绣等等。而另外一些从事普通日用品销售的网商则很难维系，比如从外地（广西贵港）嫁来架梯村的 LD 曾尝试在家做微商，时间大概是 2016 年。当时，她主要售卖一款叫"闺蜜面包"的卫生巾。一开始是 LD 的妹妹推荐并带她做的。不过，她很快就放弃了。究其原因，LD 说："我当时有点忙，要自己照顾小孩，而且发货很不方便，经常没办法及时发货。还有，架梯村的交通和网络都很差，你们住这里做调查应该也都领教了。当然，说实话，这款卫生巾本身销售情况也不是很好。"

（四）折翼的翅膀：落后的快递业

虽然村民看到了网络的"威力"及其蕴藏的巨大的市场潜力，而且不少村民也跃跃欲试，想借助网络将瑶山的"珍宝"奉献出来，可惜，快递成为网络销售的核心短板。网络可以跨越崇山峻岭传达"瑶山的声音"，但是快递却难以克服山水阻隔。整个六巷乡不通快递，直接导致瑶山"珍宝"走出去的成本大大提高。六巷村的 LDJ 跟笔者算了一笔账：

> 通常，大家都是坐班车出去。比如到我们常去的中平镇。一早，你要从六巷出发，到了中平，你要赶紧购物，因为回六巷的时间是下午 3 点，错过了那你就麻烦了。这一来一回的班车，要价 30 块。

而这种经济成本和时间成本，显然从做生意的角度来看是无法承受且不合理的。因此，做生意的微商，通常只能自己买车，自己跑中平镇或桐木镇寄送快递。不过，一次来回也需要两个多小时。这对于少量零售的微商来说，非常致命。如果量太小，微商出去寄送快递基本无利可图，甚至亏本。而量小价低，常常就是微商得以"续命"和发展的重要手段。为此，门头村的微商 HYG 和架梯村的微商 HD 就干脆一次性寄存较多商品到中平镇或桐木镇的亲友家，当有订购发生时，就可以直接从亲友家发货。不过，问题在于，瑶山中很多珍奇主打的是"鲜"，容易过期，受快递时效影响甚大。此外，还有一些只能先订购再制作的商品，比如费时费力的瑶绣等，也需要快递及时寄达收款。一位从事网

络销售的村民就告诉笔者:

> 买东西的人,都是希望自己的东西,很快就可以拿到手里,但是从六巷乡这里买东西,就会有一种被差别对待的感觉,就是自己买的少,就要等着,过几天一起发。如果买得多,就可以立即发货。这样差别的对待,会使顾客产生心理上的落差,或者产生一种是不是我买得少就被人看不起的心理。不是每一个顾客都能理解这种交通不便带来的影响。但是如果自己每一单都马上送出去的话,成本太高,回本的难度又会增加。另外,因为自己是做网络销售的,又经常没有时间出去,时常要麻烦别人帮自己送货出去,久而久之,是会不好意思的。

可以说,不通达的快递不但严重制约六巷乡各村村民网购的热情,也大大制约了六巷乡各村村民通过网络售卖物品的机会。因此,一些从事网络销售的村民,只能像架梯村的 HD 那样,采用以实体销售为主,网络销售为辅的销售手段。受制于快递不通达,HD 虽然喜欢网络销售,但是却从来不在网络或社交平台发布广告,其网络销售主要是"滚雪球"式的回头客和回头客带来的客人。这些客人大多知道 HD 发快递的困难,因此愿意等待,通常 HD 可能几天才会去寄快递。HD 目前的心态就是网络销售能赚多少是多少,多一些当然好,少了也无所谓。

而对于 HYG 夫妇而言,他们对快递更为敏感。因为,HYG 夫妇完全依靠网络销售,目前并无任何实体店及线下销售行为。繁忙的时候,HYG 必须每天跑山下发快递,其交通和时间成本可想而知。为此,虽然 HYG 夫妇网络销售业务量增长迅速,但是他们目前依然以微商形式进行宣传与销售。他们也一度想向淘宝和拼多多平台转移,但是由于快递受限及其导致的成本提高,使得他们迟迟不敢动手。因为,一旦进入淘宝或拼多多平台,业务量的增加会导致快递短板的问题更为凸显。此外,这些平台本身也需要收取平台费。另外为了提高网店被搜索到的概率,还需要广告费等投入。为此,快递业务跟不上,他们上了平台反而可能出现亏损。

这也促使他们决定在六巷村办快递业务。这应该是一个多赢的决定:对于快递公司而言,乐见网点的增加;对于村民而言,满足了村民的快递需求;对于 HYG 夫妇而言,在每天发送自身网络销售的快递外,可以增加一笔额外的快递费收入。正如 LK 所说,他们在六巷村做快递,可以大大方便村民收发快递。而快递业务本身也可以增加他们的收入。若六巷村快递业务做起来,HYG 夫妇就可以做到每天进出六巷村收发、寄送快递,这也为他们的物品销售向淘宝或拼多多平台转移扫清了障碍。

HYG 夫妇下一步的设想是在六巷村开设实体店。不过,按照 LK 的设想,实体店有点像是网络销售的线下体验店。LK 说:

> 六巷乡最近开始搞旅游,来这里的人都会想要带一些伴手礼回去。我开一个实体店,游客可以在实体店里面先试一试,买一点自己喜欢吃的东西,然后回去之后,如果还有想要的话,就可以通过网店来买了。现在的人越来越讲究眼见为实,有时候就会觉得网上的东西不是太可靠。我做的是一些当地人比较喜欢的酸品,但是这些东西又不一定家家户户都会去做。这样,我就可以大大扩张我的客户群了。

第三节　作为文化传承和族群认同的瑶歌微信群

一、前世与今生

瑶歌是瑶族的重要娱乐之一。瑶歌传唱在瑶民日常生活中扮演了重要角色:宗教仪式中,瑶歌被用来呼唤众神;人生仪礼上,瑶歌伴随瑶族人迈向新的人生阶段;节日里,瑶歌对唱的另一端,兴许就是未来的爱人。不过,随着时代的变迁,瑶歌的地位越来越受到动摇。尤其是年轻一代,对瑶歌较为冷淡。他们平时很少听瑶歌,也基本不太会唱瑶歌。很多老人,特别是一些对传统瑶族文化较热心的老人,对瑶歌的传承忧心忡忡。他们担心,瑶歌很快就会失传。懂瑶歌的人逐渐老了,需要瑶歌参与的仪式和活动也越来越少了,年轻人越来越不待见瑶歌了。让这些老人没有想到的是,现代化摧毁瑶族传统的同时,居然以另外的方式挽救了瑶歌。瑶歌在新媒体的助力下,萌发出新的生命力。我们在田野调查中发现,越来越多的瑶歌正在借助新媒体的力量"野蛮生长"。本节笔者试图追踪在现代科技的影响下,瑶歌是如何获得新的生命的。

架梯村 HDG 老人是瑶歌等瑶族传统文化的爱好者。他给我们讲述了瑶歌传承中的前世与今生:

　　以前,我们可没有这么多高科技来记瑶歌。那个时候就是口口相传,或者用纸和笔来记。那个时候想听瑶歌,不是马上就有人唱给你听的。所以,那个时候,我们都是自己唱给自己听。不过,瑶歌也有一些重要的展示场合,比如"对歌";又比如,在一些仪式场所,像婚礼、一些大的节日等,大家会唱很多的瑶歌。但是,这些场合毕竟不多。对于爱听瑶歌的人来说,真的就只有自己唱给自己听了。

大概 2005 年,HDG 的儿子买回来一台录音机。HDG 回忆道:

　　那是一台老式录音机,很大、很重,要用磁带播放歌曲。我尝试去买瑶歌磁带,可惜基本买不到。这个录音机大多时候也就我儿子用了。他喜欢用它听粤语流行歌曲。

真正的转机发生在 2011 年。HDG 从市场买来一台老人用录音机。他兴奋地告诉我们:

　　这台录音机很小,可以播放磁带。不过,除此之外,还可以插优盘。我购买录音机之后,可以在音像店下载瑶族歌曲。音像店有很多瑶歌,可以给我们下载。这下就过瘾了。……这个录音机还可以插耳机。这样,不但我可以在家里听,而且去外面做客或者做工,我都会带着录音机,插着耳机就可以听歌了,也不影响别人。

后来,HDG 的儿子又给他买了一些录有瑶歌的 DVD 光碟,可以放在家里的 DVD 播放器中播放。可惜,HDG 不太爱用。他说:

　　我还是喜欢我的录音机。那个 DVD,(播)放起来很麻烦。我就在 DVD(播)放的时候,打开我的录音机,把歌录下来。哈哈。这样,我就可以在录音机里面听 DVD 里面的歌了。

　　HDG 不是特例。六巷村的 LN 奶奶也与 HDG 类似。她不爱用 DVD。于是,她也用录音机将 DVD 里的瑶歌录在优盘中,然后用录音机播着听。不过,HDG 并没有进一步"进阶",他满意现在的录音机。HDG 没有智能手机,目前使用的还是一般的功能手机。而 LN 就顺利"进阶"到新阶段了。LN 已经 70 多岁,眼神并不好,但是她对高科技的热情不减。最近,她迷上了智能手机。她说:

　　　　这个手机是我的女儿淘汰下来的,我接着用。除了打电话以外,我爱用它听瑶歌。我有微信,我的微信里面有一个瑶歌群。这个瑶歌群是我和几个同样喜欢瑶歌的朋友一起建的。刚开始的时候,(瑶歌群)只有七八个人,后来慢慢扩大,现在已经有 40 多个人了。我们这个瑶歌群不大。因为我知道,有很多瑶歌群动不动就几百个人。但是,我们的瑶歌群很"纯粹"。我们就是专门讨论和交流瑶歌的。

　　　　我们这个群的人都超过 50 岁了。很多人都不太会使用智能手机。有一些上了年纪,有一些眼神和听力都不太好了。所以,平时这个群其实是比较冷清的,没什么人闲聊。不像有一些瑶歌群,基本上"停不下来"。但是,我们这个群有空的时候,就会很活跃。我们在里面唱歌。

　　　　在我们瑶山,有很多瑶族的分支,瑶族话很不相同。六巷村的瑶族也并不全是一个支系的,而是有好几个不同的支系。(支系)之间的语言是不相通的,就算是同一个支系的,不是一个村子的(语言)也有区别。例如门头村和六巷村都是花篮瑶这一个支系的,但是有一些词也是不一样的。我们这个群,主要是用盘瑶话来唱瑶歌的。我们就在微信群里面唱,发语音到群里面。大家你一句,我一句,很热闹。

不过,我发现一个问题。就是,那个语音过了一段时间就会打不开了,不能保存。我后来想了一个办法。我每天吃过晚饭休息的时候,就会听群里的瑶歌。等到第二天白天,我再用录音机将觉得唱得好的瑶歌录下来。这样,我就可以长期保存了。

显然,LN 不但将交流瑶歌看作一种娱乐,还在日常生活中有意识地试图传承很可能终将失传的瑶歌。

此外,还有一些桂柳话山歌群,这类群通常以本地区的人为主,里面交流的多是金秀附近一带的桂柳话唱的山歌。很多瑶族人加入,不过是为了交流,他们通常在群里用桂柳话唱瑶歌。热爱瑶歌和山歌的六巷村的 LY 告诉我们这些群的加入标准:

这些瑶歌群或山歌群也并不是你随便想进就可以进的,也是有一些限制。比如,至少你要是一个喜欢这些瑶歌或山歌的人。

而六巷村的 LD 则直接说:

也没什么标准,只要你想要加这些山歌群,一般都是会通过的。

不过,LD 又补充道:

> 进了群之后,(如果你)不唱歌、不聊天只知道抢红包的话,群主就会把你从群里面移出去。像我,我也不唱歌,我只听歌,但是我会在群里聊天。

六巷村的 LY 就是一个疯狂的瑶歌和山歌爱好者,加入了很多瑶歌和山歌群。她给笔者展示群列表,"我加入了很多群,像什么开心山歌群、圣堂山山歌群、瑶老山山歌群等等。这些群里面都有好几百人"。不过,笔者发现有些群有红点标志,说明最近没有点开,她解释说:"我加了太多群了,有些根本来不及看,来不及听。"

相对而言,30 多岁的女性村民 LD 加入瑶歌群实属"异数"。因为大多数这个年龄段的人已经不太听得懂也不太会唱瑶歌了。她也坦言:

> 群里面像我这个年龄段的人也很少。我们这一代,瑶话的歌曲基本上是听不懂的。虽然我们平时是会讲瑶话的,但是我们平时说的瑶话和瑶歌之中的瑶话是有差别的。瑶歌的一些歌词会有一些很古老、很传统的词。有些我完全不知道什么意思。其实,我也不太喜欢听瑶话的歌曲。我也是阴错阳差才进了这个瑶族山歌群的。其实是我一个喜欢瑶歌的朋友先加入了这个群。我听说居然有这样的群之后,特别地感兴趣,于是她就把我给拉了进来。加进来之后,我才发现其实并没有想象中的那么有意思。大多数情况下都是先发一个红包,把人们都引出来,然后开始聊天,等到气氛被聊起来之后,就有人开始唱歌,你一句,我一句,然后大家就会在这个时候开始对歌了。

二、作为民族文化传承的瑶歌微信群

瑶族歌曲是瑶族一笔宝贵的文化财富。各级政府及学术机构也正在积极辑录瑶族歌曲,希望保存这一珍贵的民族文化遗产。除了"上层路线"外,民间其实也有各种努力。其中,通过瑶歌微信群进行传承就是一种民间自发的文化实践。

微信群不受地域限制,世界各地的瑶歌爱好者都可以联系起来,一起为传承瑶歌而努力。一位瑶歌爱好者告诉笔者:"以前,只有在特定场合可以听到瑶歌。现在,不管什么时候打开微信都可以听到瑶歌。而且,唱瑶歌的人来自世界各地。有老挝的,有美国的,有泰国的等等。这真的是以前想都不敢想的。"

瑶歌爱好者在群中发布的瑶歌多种多样。比如,有些发布的是传统瑶歌,有些发布的是自己根据自身经历、当下处境、心理状态等即兴创作的瑶歌。由于这些歌唱者都具有较深的瑶歌造诣,其音乐价值往往也很高。再如,瑶歌群中也会出现"瑶歌高手"之间的对唱。因此,瑶歌群实则是一个重要的瑶歌实践场域,既有传统瑶歌展示,也会出现类似现实空间中发生的即兴瑶歌创作和对唱等。通过在瑶歌群中的操演,瑶歌实现了虚拟网络的传承。虽然,这种传承似乎带有一定的虚拟性,但是其实际效果并不亚于瑶歌的线下实际传承。毕竟,瑶歌的传承主要还是通过声音传播来实现的,而瑶歌微信群具备这一特点。

高手之间借助微信群相互"切磋",也往往容易通过"微信好友"功能添加好友,私下继续探讨瑶歌。一些人可能发展为线下好友,进一步见面,推动瑶歌的发展。笔者曾询问几位瑶歌爱好者的微信好友情况后发现,除了少数亲人外,其好友大多是通过瑶歌微信群添加的。一位老人说:"我爱听瑶歌,有时听到唱得好听的,就会加对方好友。"

正如上文所见,这些瑶歌语音具有较强的民族音乐价值,一些瑶歌爱好者开始有意识地记录。比如,较多瑶歌爱好者会将好听的瑶歌语音通过微信"收藏"功能进行收藏。而有一些更为特别的,比如 LJ 意识到微信群中瑶歌的宝贵价值,开始有意识地用录音笔将这些瑶歌语音记录下来。当然,从专业音乐录制角度看,这种做法是很不科学的。因为,微信语音为了以更小的流量实现更多、更快捷地传播,语音音质已经进行了一次压缩;而使用录音笔录制微信语音,则会进一步减损音质。

这也凸显了微信在瑶歌传承中的局限。虽然微信突破地域限制,并且实现个体之间的较强互动。但是,微信在素材质量保证和存储方面依然有较大提升空间。使用手机实现较佳存储的方式是先用手机自身录音功能进行录制,形成语音文件,然后进行传播。不过,这种方式虽然可以较好保存音质,但是使用较为不便,操作也较为复杂。瑶歌微信群的瑶歌如何保存,如何提高音质等依然是一个让瑶歌爱好者备感困扰的问题。

不过,虽然瑶歌是瑶族文化的重要组成部分,但是,唱瑶歌毕竟是一种技能,需要持续操练。而当下,生活压力加大,娱乐方式又更为丰富和多元,瑶歌作为一种娱乐技能越来越被排挤到相对边缘的位置。因此,瑶族青年中的瑶歌爱好者较少。

六巷乡中心小学的老师 LH 认为,瑶歌青年较少爱好瑶歌的现象与瑶族村落的发展与对外联系有直接的关系。他说:

要听懂瑶歌,首先要会说瑶话。我们这里很多村都是纯瑶族,又在山里。大部分人还是说瑶话的。不像外面一些瑶族地区,都没有什么人会说瑶话了。但是,即便是我们这里,也开始有问题出现了。市场经济发展、网络发展,导致现在的孩子接触外面的汉文化越来越多了。我发现,有一些孩子已经不会说瑶话了。他们都是学生,上课时使用普通话。同学之间,用的多是本地的"桂柳话"(西南官话之一)。加之,这些孩子有一些又是留守儿童,老人无心或无精力教他们说瑶话。这就导致不少孩子能听瑶话,可是不会说瑶话。少数一些学生,甚至也不会听了。老人和他们交流,都需要改说"桂柳话"。

一些瑶族人意识到相关的问题。比如,六巷村 LY 老夫妻就有意识地教他们孙女唱瑶歌。LY 说:"汉化太严重了,瑶话不会说,瑶歌更没法传。这是我们宝贵的财富。我老伴会唱瑶歌,她就教我们的小孙女唱。你别看她不到 10 岁,但是已经会唱不少瑶歌了。"

三、作为族群认同的瑶歌微信群

众所周知,瑶族文化丰富多元,民族语言、瑶族歌曲、宗教仪式、节日庆典、农作习俗等等都是瑶族引以为傲的民族文化。借助微信等多媒体工作,这些文化应该得到相应的传播。瑶族文化借助互联网传播的过程中,出现了一些值得注意的特点。

不同瑶族文化有着不同的传播方式。比如,节日庆典和农作习俗等基本通过公众号文章的方式进行传播。可惜的是,这类公众号多为专门的瑶族或民族文化类公众号,受众较狭窄。虽然起到一定的传播作用,但是效果有限。而宗教仪式等,则具有很强实践性,文字描述往往难以全面和生动。因此,公众号文章多为图片叙述,并常配合当地瑶族风情旅游宣传。

值得特别注意的是瑶族歌曲的传播。我们基本很难在微信公众号中看到瑶族歌曲的文章。那是不是说瑶族歌曲并不受瑶族看重呢?其实不是的。甚至相反,部分瑶族人特别珍视瑶族歌曲。瑶族歌曲的传播方式较为特别,往往是借助微信群进行传播。这是因为,瑶族歌曲需要借助声音媒介进行传播,而微信有语音功能,非常适合传播。笔者在田野调查时看到很多瑶族中年和老年人的微信中有瑶歌群。有一些瑶歌爱好者,甚至加入超过十个瑶歌群。

除了传播方式较为特别外,瑶族微信群还有一个特点,就是封闭性。这就是说,瑶歌群往往限制加入者身份。一种是主观限制,比如只有"瑶族可加",比如"对瑶族歌曲感兴趣者可加"。一种是客观上的限制,这些瑶歌群,不管是歌曲语言还是说话语音,大多是瑶话,这也在客观上限制了不懂瑶语的人加入。

很有意思的是,通过微信公众号,瑶族人希望将瑶族文化传播出去。虽然因为公众号本身的限制,往往传播效果不佳,但是传播到瑶族之外的群体一直是瑶族的初衷。而同样是借助微信,瑶族歌曲则借助微信群的相对封闭性进行内部传承。作为内部传承的瑶歌,也从侧面反映出瑶歌在瑶族内部的定位,这就是寻求身份认同。换言之,瑶族歌曲能够内部传承,是因为瑶族歌曲是瑶族认同的重要标志之一。这其实也与瑶族歌曲自身的特点有关。

众所周知,瑶族歌曲是瑶族文化的重要组成部分。首先,瑶族歌曲记录了瑶族历史。对于很多没有文字的民族来说,口传是重要的文化传承方式。而歌曲其实也就是口传的重要方式。很多瑶族歌曲记录的是瑶族的历史。比如,笔者所见的勉瑶《大歌书》,就包含了对瑶族历史起源的叙述,对瑶族刀耕火种的艰苦生活方式的缅怀,及对瑶族"漂洋过海"悲惨历史的记忆,等等。

其次,这些歌曲构成瑶族宗教仪式的一部分。在瑶族重要的宗教仪式中,比如勉瑶的"度戒"类仪式,就需要专门的"歌姆"唱歌。瑶族相信,通过作为"歌姆"的女性歌唱家在户外对天高歌,能够使得神明与瑶族发生连接。因此,瑶族歌曲带有一定的神圣性。

再次,瑶族歌曲也是日常娱乐的重要组成部分。山间劳作之时,引吭高歌可以放松心情,纾解倦意。而节日时,瑶族对歌则还兼具男女之间吐露真情的功效。我们在瑶族地区进行田野调查时,遇到节庆,三五妇女唱歌娱乐是常见"风景"。

由此可见,瑶族歌曲在瑶族文化传承中占据重要地位。而更有意思的是,瑶族歌曲使用的是瑶语,因此还附加了瑶族语言的民族文化要素。从这几个角度看,瑶族歌曲天然是瑶族文化传承及民族认同的重要手段。在这种背景下,各类瑶歌群在瑶族中不断涌现。

从表面看,这类瑶歌群似乎只是歌曲交流平台,但是,其族群认同的功能绝对不可忽视。瑶歌群的这一功能,尤其在瑶歌群使用群体跨出国界之后表现最为明显。

由于微信发展迅猛,一定程度上,微信已经成为使用较广的世界性的手机应用软件之一。而这正是全球瑶族所需要的。由于自然迁徙、政治、战争等各种原因,中国之外的越南、老挝、泰国、缅甸、美国、法国等国家均有大量瑶族定居。因国界限制及经济成本考量,这些瑶族相互之间的感情维系成本很高。而微信成为将这些瑶族联系起来的重要工具。

居于世界各处的瑶族,通过微信与亲朋好友联系。与此同时,微信群则突破好友限制,成为维系各地陌生瑶族的重要纽带。不过,这条"微信纽带"使用的是"瑶歌"的名号。换言之,世界各地的瑶族需要借助微信进行感情维系,而瑶歌是"天然"的桥梁。瑶歌不同于服饰、民俗等,瑶歌不需要物质媒介,可以纯粹通过网络传播。

比如,通过金秀一位村民,笔者有幸加入一个世界性的瑶歌群。这个瑶歌群名为"联合国瑶家姐妹聊天群",开群人是美国加利福尼亚州的一位瑶族妇女。这个开通于 2018 年 9 月的微信群,现在已有成员 304 人(统计截至 2019 年 8 月 21 日),其瑶族成员包括美国瑶族、老挝瑶族、越南瑶族、泰国瑶族和中国瑶族。虽然,其群名为"聊天",实际上,唱歌是这个微信群的"主打色"。该群基本上很少发文字,几乎都是语音,而这些从几秒至几十秒不等的语音,点开之后,几乎都是瑶歌。而且,加了此群之后,笔者发现,该群可谓笔者所有微信群中最为活跃的微信群。由于群员分布在世界各地,群中的语音发布几乎不受时差限制,随时更新。随时随地,这些瑶族都可以通过瑶歌抒发感情,维系认同。

结　论

　　大瑶山的近现代史就是一部从封闭到开放的历史。金秀大瑶山地处深山，交通十分不便，一直处于相对封闭的状态。不过，自民国开始，这种较封闭的情况开始发生转变。

　　民国时期的转变主要包括"重新认识"和"深化管理"两方面。"重新认识"指的是，自民国开始政府及一些学者认识到我们以往对瑶族的认识非常有限，只是把他们归为"他者"，但是对其内部的差异与特点则所知甚少，甚至道听途说，误解严重。"重新认识"的工作，除政府重视外，还有政府机构与学者合作开展研究。其中，费孝通和王同惠到大瑶山的调查，实际就是接受了当时广西省特种民族调查的任务委托。因此，可以认为，费孝通夫妇的调查是政府为了"重新认识"相关民族，而与学者展开的合作研究。"深化管理"指的是，民国政府为了管理这些民族地区，设置各种新式的管理机构，试图深化管理。通过"重新认识"和"深化管理"两种努力，大瑶山与外界联系开始频繁起来，大瑶山开启了从封闭到开放的历史进程。

　　中华人民共和国成立后，大瑶山开放进程进一步加快。一方面，"重新认识"的研究依然在进行，比较有名的就是"少数民族社会历史调查"等一系列国家主导的研究活动。改革开放后，金秀民族研究的成果更是层出不穷。时至今日，"金秀大瑶山研究"可谓蔚为大观。我们对金秀大瑶山的认识正走向全面和深入。与此同时，各级政府还持续致力于瑶山与外界连接的硬件工程建设，包括路网建设、电网建设以及通信网络的建设等等。这些都使得大瑶山与外界的联系更为频繁。这里，特别值得一提的是费孝通的提议。

1981年，费孝通参加龙胜各族自治县成立30周年的活动，并再上大瑶山。他关注到金秀县以山脚为界进行行政区划所带来的问题。他说："没有强调山区与平地的经济交流，把原来山区贸易所依靠的集散点划在界外，加上山区公路建设困难，自治地方得不到发展经济的具体条件，反而受到县界的束缚，有点像'画地为牢'。"后来，费孝通积极奔走，最终促成金秀行政区划的调整。现在，原属象州县的桐木镇和原属鹿寨县的头排镇被划归金秀县管辖。两镇都是经济发展重镇，通过两镇与其他乡镇的经济交流，大大推动与促进了各山区乡镇的发展。

对于六巷乡而言，桐木镇是村民最重要的经济交流中心之一。村民到桐木镇进行物资交流，获取经济发展讯息，接触较为前沿的市场知识。其实，现在桐木镇与六巷乡不只进行经济交流，目前六巷乡有不少小孩在桐木镇上学。这使得桐木镇也成为六巷乡的教育交流中心之一了。当然，跟六巷乡交往紧密的乡镇，除了桐木镇外，还有象州县的中平镇。桐木镇和中平镇共同成为六巷乡村民的物资交流中心。由此可见，山区的发展是离不开与平地的经济交流的。而平地经济的进一步繁荣，也离不开山区民族的支持。比如，笔者一行在六巷调查时正值桐木镇采橘高峰，劳工短缺，山区民众成群结队下山帮工，大大缓解了桐木镇的用工紧张问题。同时，越来越多的六巷乡村民在桐木镇短期或长期定居，也进一步促进桐木镇的经济繁荣。

进入21世纪后，科技的突飞猛进使得大瑶山从封闭走向开放的进程更为复杂，超出一般人预料。不只是政府与学者研究大瑶山，瑶山里的瑶民也借助互联网"研究"并分享自己，瑶山大量的风土人情和特产通过瑶民手中的手机,借助微信、抖音等推送到外面。瑶民不只到平地市场购物,也通过手机中微信、淘宝、拼多多等平台购物。而且,不只从外面买进货物,瑶民还将瑶山特产变成货物,通过网络销售到外面。瑶歌,也借着微信,从原本相对固定的时空展演,变成一种随时随地可以展演,全世界瑶族均可同时参与的大型瑶歌"舞台"。所有这些进一步模糊了瑶山的边界。瑶山封闭的界线越来越难以分辨,开放已经成为瑶山的主流。

一、APP 中的人际交往

笔者在文中将六巷村民经常使用的 APP 分为社交类、游戏类和学习类三种并进行分析和讨论,得出以下几个颇值得进一步探讨的话题。

首先,以微信等为主流的社交类 APP,其功能虽然主要是线上社交,但是线上社交也同时促进了现实中的交流。我们一般认为,线上虚拟社交与线下现实社交存在此消彼长的关系,或者说线上社交可能使得人们不愿意或相对排斥现实社交,进而更进一步影响真实的人际关系。但是,我们的研究似乎不支持这种说法。我们的田野案例表明,夫妻之间的线上社交对现实情感起到润滑疏导作用,能增进夫妻感情。而村民之间的线上社交也进一步促进了现实中的交流和合作。与此同时,我们的研究也表明,微信等社交 APP 的意义不止于社交,村民在实际使用过程中拓展了微信的使用边界,使其发挥我们可能意想不到的作用。比如,瑶民所组建的大大小小的瑶歌微信群就起到传承文化以及凝聚族群认同的双重功效。

其次,关于游戏类 APP,我们通常将游戏类 APP 视为浪费时间、懒惰和成瘾等负面词汇的代名词之一。不过，在我们的研究中，虽然参与游戏者确实不少，但是游戏类 APP 所体现的正面价值也同样值得我们重视。当下比较热门的一些手机游戏往往兼具极强的社交功能，尤其是微信所属的腾讯公司推出的手机游戏，直接与微信等社交 APP 打通，使得游戏不单纯是游戏，而兼具社交功能。我们接触到的不少游戏者都告诉我们，玩手游的时候经常需要交流，而交流多了，在现实交往中，也突然感觉自己变得"能说会道"了。同时，一些平时联系少的好友，也通过游戏相互"连接"，极大促进双方的情感。由此，现实与虚拟并非对立，即便是在看似完全"自我建构"的游戏中，线上游戏也有其现实意义。

最后，关于学习类 APP。这类 APP 强调自主学习，这对于教育资源相对匮乏的山区学生而言，无疑是一个利好的消息。有意思的是，学习类 APP 跟游戏类 APP 很像，在主要功能之外，兼具社交功能。不少使用学习类 APP 的山区学生坦言，这些 APP 有很多论坛，而且都是同龄人的交流，特别有利于舒缓学业压力。

由此，我们不难发现，人们所使用的各类 APP 大都兼具社交功能。虽然尚缺乏定量数据的支撑，但是从个案的深度调查来看，这类线上社交并不仅仅是虚拟社交，还常常真实地与现实人际交往对接。这一方面表明，当今社会社交需求较为旺盛，人们渴求社交；另一方面也表明，虚拟和现实并非对立，它们是可以相互补充、相互促进的。

二、折翼的"隐形的翅膀"

互联网就如一双"隐形的翅膀"，将瑶山的方方面面带出瑶山，让瑶山的人与物"走出瑶山"。从我们的调查来看,"走出瑶山"主要包括两个方面,一是瑶族文化走出瑶山,二是瑶山特产走出瑶山。一些对瑶族文化颇为热心的瑶族人一直致力于推动"文化走出去",不过从目前的效果来看,道路险且阻。由于金秀瑶族文化局限于民族文化的框架之内,往往也是在此框架之内进行网络传播,其传播平台也往往带有"民族"或"瑶族"字样或者特色。这些都直接导致其内容受众往往非常有限。

不过,瑶族文化"走出去"也有不少惊喜,瑶歌微信群就是惊喜之一。瑶歌微信群,以瑶族传统歌曲为纽带,借助微信群的虚拟特性,使得原本特定场合时间才传唱的瑶歌变成一种"瑶歌时尚"。这一方面大大推动了瑶歌文化传统的挖掘和弘扬,另一方面也有利于瑶歌的世代传承。更为有意思的是,瑶歌微信群同时还起到了增强族群认同的作用。

瑶族特产也在致力于"走出去"。在我们调查的六巷乡的几个村寨中,一些村民致力于推动瑶族酸菜、瑶族腊肉以及瑶族茶叶走出去。同时,很多有闲暇的女性,则推动瑶绣走出去。前者规模较大,是标准的网络销售方式;后者则基本上属于"私人订制",往往是进山的游客私人订制,也可能是相互介绍进而联系并订制的。

村民原本以为借助网络这双"隐形的翅膀",瑶山特产可以"远走高飞"。但是,令村民意想不到的是,这双翅膀是一双折翼的翅膀,而折翼之地,竟是瑶山糟糕的快递业。人口不足,交通困难,导致除了效率较低的邮政快递外,六巷乡没有其他任何快递公司进驻。没有及时的快递运输,也就意味着特产无法及时运送出去。而及时性,恰恰是当今网络购物的核心元素之一。门头村做酸菜、腊肉等特产的微商 HYG 夫妇就深受快递困扰,为此,他们决定要在一两年内在六巷乡开通快递点,没有快递,那么就自己做快递。

瑶山的网络购物也同样如火如荼。被阿里巴巴的"农村淘宝"启蒙之后,村民开始成为网络购物大军之一。从纸巾、牙刷到衣服、饰品,从文具、书包到手机、冰箱,村民都不遗余力地致力于从网上挖掘:有的使用微信,简单便捷;手机使用较多的,就看淘宝,货物齐全。不过,同样的,糟糕的快递业使得村民的网购之路也变得艰难。村民只能到邻近集市上的快递点提取货物,耗时、耗力又费钱。糟糕的快递业一定程度上抵消了一部分的购物热情。

糟糕的快递业也考验着村民的人际交往。托人取件成为当今六巷村村民之间一种日常的主要社交。若村中有学生在外面乡镇读书,那么就可以托其在周末回家时帮忙取件。或者,刚好某村民需要外出办事,也可以托其取件。当然,无人代取的情况下只能自己跑一趟,那自然是费时、费力最多的。于是,从外面乡镇往返六巷乡的中巴成为重要的"代取"中间人。他们会收取一笔费用(每件5元),然后将快递带到六巷村。但是不少人并不住六巷村,因此,网购的村民可能还需要继续托人从六巷村取回快递。其间耗时、耗力,苦不堪言。

也正是因为糟糕的快递业,村民网购商品几乎从来不退换货。这倒不是因为村民不懂退换货,而是因为快递成本过高。村民网购往往都是为了省钱方便,因此货物价格通常不贵。有时,村中辗转到外面乡镇的快递点寄送快递的往返交通花费就大大高于货物本身的价格。理性告诉村民,退换货在金秀六巷乡是非常不理性的行为。

从前,高山就是险阻,外人罕至,瑶人借山自保。当然,其时瑶人也并非完全封闭。政府管辖、税收缴纳依然存在。民间,虽然瑶族与山下汉族或壮族偶尔互相指责,但是交流也是日常生活一部分。1949年之后,随着国家民族政策的优化及经济的发展,金秀瑶山进入了胡起望和范宏贵所言的"从封闭到开放"的崭新阶段。而进入 21 世纪后,智能手机和网络的使用,则更给瑶山插上一双"隐形的翅膀"。借此,金秀瑶人走出瑶山,走向全国,走向世界。

参考文献

学术专著

方晓红:《大众传媒与农村》,中华书局 2002 年版。

费孝通、王同惠:《花篮瑶社会组织》,江苏人民出版社 1988 年版。

费孝通:《六上瑶山》,中央民族大学出版社 2006 年版。

高其才:《习惯法的当代传承与弘扬:来自广西金秀的田野考察报告》,中国人民大学出版社 2015 年版。

谷家荣:《坳瑶社会变迁——广西金秀大瑶山下古陈村调查》,云南人民出版社 2010 年版。

谷家荣:《沿着费孝通的路走——信步广西金秀大瑶山》,云南人民出版社 2010 年版。

广西瑶学会编:《瑶学研究》第一辑,广西民族出版社 1993 年版。

广西瑶族研究学会编:《瑶族研究论文集》,广西人民出版社 1987 年版。

广西壮族自治区编辑组:《广西瑶族社会历史调查(第一册)》,广西民族出版社 1984 版。

郭建斌:《独乡电视:现代传媒与少数民族乡村日常生活》,山东人民出版社 2005 年版。

郝国强、钟少云、梁必达:《坳瑶历史与文化》,民族出版社 2015 年版。

胡起望、范宏贵:《盘村瑶族:从游耕到定居的研究》,民族出版社 1983 年版。

胡正荣、段鹏、张磊:《传播学总论》,清华大学出版社 2008 年版。

姜红、蒋含平主编:《媒介·权利·表达:新闻传播与网络化社会》,合肥工业大学出版社 2016 年版。

金秀大瑶山瑶族史编纂委员会编著:《金秀大瑶山瑶族史》,广西民族出版社 2002 年版。

李远龙主编:《传统与变迁——大瑶山瑶族历史人类学考察》,广西民族出版社 2001 年版。

李远龙:《走进大瑶山——广西金秀瑶族文化考察札记》,广西人民出版社 2006 年版。

梁茂春:《跨越族群边界——社会学视野下的大瑶山族群关系》,社会科学文献出版社 2008 年版。

刘保元、莫义明:《茶山瑶文化》,广西人民出版社 2002 年版。

鲁曙明主编:《传播学》,中国人民大学出版社 2007 年版。

罗钢、刘象愚编:《文化研究读本》,中国社会科学出版社 2000 年版。

毛宗武、蒙朝吉、郑宗泽主编:《瑶族语言简志》,民族出版社 1982 年版。

莫金山编著:《金秀大瑶山——瑶族文化的中心》,广西民族出版社 2006 年版。

莫金山编著:《金秀瑶族村规民约》,民族出版社 2012 年版。

庞新民:《两广"猺"山调查》,中华书局 1935 年版。

乔健、谢剑、胡起望主编:《瑶族研究论文集》,民族出版社 1988 年版。

邱林川:《信息时代的世界工厂:新工人阶级的网络社会》,广西师范大学出版社 2013 年版。

裘正义:《大众传播与中国乡村发展》,群言出版社 1993 年版。

苏德富、刘玉莲编著:《茶山瑶研究文集》,中央民族学院出版社 1992 年版。

覃锐钧、徐杰舜等:《接触与变迁——广西金秀花篮瑶人类学考察》,民族出版社 2011 年版。

唐兆民:《傜山散记》,新文丰出版公司 1980 年版。

吴飞:《火塘·教堂·电视:一个少数民族社区的社会传播网络研究》,光明日报出版社 2008 年版。

吴学东主编:《茶山瑶历史与文化》,民族出版社 2011 年版。

徐平：《大瑶山七十年变迁》，中央民族大学出版社 2006 年版。

徐平主编：《中国民族地区经济社会调查报告（金秀瑶族自治县卷）》，中国社会科学出版社 2015 年版。

杨善华：《城乡日常生活：一种社会学分析》，社会科学文献出版社 2008 年版。

《瑶族简史》编写组：《瑶族简史》，广西民族出版社 1983 年版。

益西拉姆：《中国西北地区大众传播与民族文化》，兰州大学出版社 2002 年版。

玉时阶等：《花篮瑶社会变迁》，民族出版社 2012 年版。

张国良：《20 世纪传播学经典文本》，复旦大学出版社 2005 年版。

张国良主编：《中国传播学评论》，复旦大学出版社 2005 年版。

张宇丹：《传播与民族发展——云南少数民族地区信息传播与社会发展关系研究》，新华出版社 2000 年版。

中国社会科学院民族研究所、国家民委文化宣传司主编：《中国少数民族语言使用情况》，中国藏学出版社 1994 年版。

〔法〕布尔迪厄：《关于电视》，许钧译，辽宁教育出版社 2000 年版。

〔法〕让·鲍德里亚：《消费社会》，刘成富、全志钢译，南京大学出版社 2001 年版。

〔加〕哈罗德·伊尼斯：《传播的偏向》，何道宽译，中国人民大学出版社 2003 年版。

〔加〕马歇尔·麦克卢汉：《理解媒介：论人的延伸》，何道宽译，商务印书馆 2000 年版。

〔美〕埃弗里特·M. 罗吉斯、〔美〕拉伯尔·J. 伯德格：《乡村社会变迁》，王晓毅译，浙江人民出版社 1988 年版。

〔美〕保罗·莱文森：《手机：挡不住的呼唤》，何道宽译，中国人民大学出版社 2004 年版。

〔美〕赫伯特·马尔库塞：《单向度的人——发达工业社会意识形态研究》，刘继译,上海译文出版社 2006 年版。

〔美〕赫伯特·席勒:《大众传播与美利坚帝国》,刘晓红译,上海译文出版社
　　2006 年版。

〔美〕亨利·詹金斯、〔日〕伊藤瑞子、〔美〕丹娜·博伊德:《参与的胜利:网络
　　时代的参与文化》,高芳芳译,浙江大学出版社 2017 年版。

〔美〕柯克·约翰逊:《电视与乡村社会变迁——对印度两村庄的民族志调
　　查》,展明辉、张金玺译,中国人民大学出版社 2005 年版。

〔美〕罗伯特·V. 库兹奈特:《如何研究网络人群和社区:网络民族志方法实
　　践指导》,叶韦明译,重庆大学出版社 2016 年版。

〔美〕韦尔伯·施拉姆:《大众传播媒介与社会发展》,金燕宁等译,华夏出版
　　社 1990 年版。

〔美〕约书亚·梅洛维茨:《消失的地域:电子媒介对社会行为的影响》,肖志
　　军译,清华大学出版社 2002 年版。

〔英〕戴维·莫利:《电视、受众与文化研究》,史安斌主译,新华出版社 2005
　　年版。

〔英〕约翰·费斯克:《理解大众文化》,王晓珏、宋伟杰译,中央编译出版社
　　2001 年版。

期刊文献

包路芳:《费孝通与大瑶山情缘续记》,《群言》2016 年第 8 期。

卜玉梅:《虚拟民族志:田野、方法与伦理》,《社会学研究》2012 年第 6 期。

曹建平:《浅析我国农村电商发展现状与对策》,《北方经贸》2015 年第 5 期。

曹晋:《传播技术与社会性别:以流移上海的家政钟点女工的手机使用分析
　　为例》,《新闻与传播研究》2009 年第 1 期。

常红:《阿里巴巴"农村淘宝"发展战略浅析》,《现代经济信息》2016 年第
　　5 期。

陈静静:《互联网与少数民族多维文化认同——以云南少数民族网络媒介为

例》，《国际新闻界》2010 年第 10 期。

陈鹏、臧雷振：《媒介与中国农民政治参与行为的关系研究——基于全国代表性数据的实证分析》，《管理工程学报》2015 年第 3 期。

陈新民、王旭升：《电视的普及与村落"饭市"的衰落——对古坡大坪村的田野调查》，《国际新闻界》2009 年第 4 期。

陈艳红：《数字鸿沟问题研究述评》，《情报杂志》2005 年第 2 期。

程丽丽：《基于区域特色的农村电子商务体系构建——以台州为例》，《农村经济与科技》2013 年第 1 期。

程璐、王丽娟、黄亚楠：《辽宁省农村居民网络购物行为研究——基于儒家价值观的视角》，《辽宁工程技术大学学报（社会科学版）》2016 年第 7 期。

程璐、邹瑞雪：《基于儒家价值观的农村居民网购行为研究》，《商业研究》2015 年第 8 期。

程猛、康永久：《物或损之而益——关于底层文化资本的另一种言说》，《清华大学教育研究》2016 年第 4 期。

崔丽丽、王骊静、王井泉：《社会创新因素促进"淘宝村"电子商务发展的实证分析——以浙江丽水为例》，《中国农村经济》2014 年第 12 期。

戴利朝：《罗杰斯与发展传播学的范式转换》，《江西师范大学学报（哲学社会科学版）》2019 年第 5 期。

戴维民：《从"知识沟"到"数字鸿沟"——网络社会的信息差距》，《信息管理导刊》2002 年第 6 期。

戴元光、尤游：《媒介角色研究的社会学分析》，《上海大学学报（社会科学版）》2007 年第 6 期。

翟文婷、史小兵：《快手为什么能抓住沉默的大多数？》，《中国企业家》2017 年第 1 期。

丁未、田仟：《流动的家园：新媒介技术与农民工社会关系个案研究》，《新闻与传播研究》2009 年第 1 期。

丁未：《新媒体与赋权：一种实践性的社会研究》，《国际新闻界》2009 年第 10 期。

杜文宏、刘茜:《我国农村电子商务发展研究》,《商场现代化》2008 年第 4 期。

樊佩佩:《从传播技术到生产工具的演变——一项有关中低收入群体手机使用的社会学研究》,《新闻与传播研究》2010 年第 1 期。

房冠辛:《中国"淘宝村":走出乡村城镇化困境的可能性尝试与思考——一种城市社会学的研究视角》,《中国农村观察》2016 年第 3 期。

费孝通、王同惠:《桂行通讯》,《社会研究》1936 年第 109、114、115、118、119、129 期。

费孝通、王同惠:《为调查研究桂省特种部族人种》,《宇宙旬刊》1935 年第 3 卷第 8 期、1936 年第 4 卷第 3 期。

高飞、李奕:《中国农村电子商务市场发展前景研究》,《现代商业》2014 年第 24 期。

高海建:《西部地区农村受众媒介接触行为调查——以陕西关中地区为例》,《今传媒》2009 年第 6 期。

高海霞:《基于消费市场特征的农村电子商务网购市场发展策略探讨》,《未来与发展》2011 年第 2 期。

高莉莎:《"移动主体熟人社会":基于少数民族农民工手机微信使用的研究》,《新闻大学》2018 年第 2 期。

高其才:《人民调解员如何对待瑶族习惯法——广西金秀一起误砍林木赔偿纠纷调解过程实录》,《云南大学学报(法学版)》2010 年第 5 期。

高其才:《习惯法的当代传承与弘扬——来自广西金秀的田野考察报告》,《法商研究》2017 年第 5 期。

高其才:《现代化进程中的瑶族"做社"活动——以广西金秀郎庞为例》,《民族研究》2007 年第 2 期。

高卫华、杨兰、陈晨:《新媒介背景下民族地区手机传播功能研究——以湖北恩施市与鹤峰县实地调研为个案》,《当代传播》2013 年第 4 期。

谷家荣:《从此岸到彼岸:瑶族传统灵魂观念阅识——广西金秀大瑶山古陈村坳瑶"二次捡骨"葬俗调查》,《西北民族大学学报(哲学社会科学版)》2010 年第 4 期。

谷家荣：《祭典与狂欢——广西金秀大瑶山瑶族师公跳盘王调查》，《内蒙古
　　大学艺术学院学报》2010 年第 3 期。

谷家荣：《金秀大瑶山瑶汉民族关系史论》，《学术探索》2010 年第 1 期。

谷家荣：《哲思、继承与践理——费孝通的瑶山心愿和后生晚辈的信步追
　　访》，《学术界》2010 年第 10 期。

关琼严：《媒介与乡村社会变迁研究述评》，《现代视听》2012 年第 8 期。

郭建斌、张薇：《"民族志"与"网络民族志"：变与不变》，《南京社会科学》
　　2017 年第 5 期。

郭建斌：《传媒与乡村社会：中国大陆 20 年研究的回顾、评价与思考》，《现代
　　传播》2003 年第 3 期。

郭建斌：《媒介仪式中的"家—国"重构与游离——基于中国西南一个少数民
　　族村庄田野调查的讨论》，《开放时代》2012 年第 5 期。

郭琴、黄慕雄、彭柳等：《贫困山区传播媒介现状调查与分析——以广东省清
　　新县为例》，《当代传播》2008 年第 6 期。

韩鸿：《参与式影像与参与式传播———发展传播视野中的中国参与式影像
　　研究》，《新闻大学》2007 年第 4 期。

胡鞍钢、周绍杰：《中国如何应对日益扩大的"数字鸿沟"》，《中国工业经济》
　　2002 年第 3 期。

黄家亮：《当前中国农村社会变迁与基层治理转型新趋势——基于若干地方
　　经验的一个论纲》，《社会建设》2015 年第 6 期。

黄奇杰、王超男：《浙江农民媒介接触状况调查与分析》，《传媒观察》2008 年
　　第 10 期。

黄小筝：《民族习惯法的新特点：以金秀瑶族新石牌为例》，《广西民族大学学
　　报（哲学社会科学版）》2008 年第 6 期。

姬广绪、周大鸣：《从"社会"到"群"：互联网时代人际交往方式变迁研究》，
　　《思想战线》2017 年第 2 期。

季中扬、伍洁：《当代影视作品中的乡村形象与文化认同》，《学习与实践》
　　2014 年第 12 期。

姜娜敏:《新媒体环境下新农村受众新闻信息需求与接收习惯研究——以中部地区鄂豫皖三省为例》,《传播与版权》2017年第12期。

金兼斌:《数字鸿沟的概念辨析》,《新闻与传播研究》2003年第1期。

康斯坦丁:《比淘宝更接地气？农村市场为何爱上微商》,《中关村》2016年第3期。

匡文波:《中国微信发展量化研究》,《国际新闻界》2014年第5期。

李红艳、牛畅、汪璐蒙:《网络时代农民的信息获取与信息实践》,《新闻与传播研究》2019年第4期。

李景景:《微商在农村电商发展中的优势及问题分析》,《农村经济与科技》2016年第22期。

李凌达:《新媒介平台与乡村媒介化演进——以农民利用微博售卖农产品现象为例》,《新闻与传播研究》2015年第7期。

李天龙、李明德、张志坚:《媒介接触对农村青年线下公共事务参与行为影响的实证研究——基于西北四省(县)农村的调查》,《新闻与传播研究》2015年第9期。

李铁锤:《中部农民对新媒体的占有与认知情况调查——以江西农村为例》,《探索与争鸣》2009年第2期。

李亚玲:《手机媒体与农村信息化分析》,《传媒观察》2008年第10期。

李艳艳:《手机在农村信息化过程中的角色探讨》,《今传媒》2009年第12期。

李育林、张玉强:《我国地方政府在"淘宝村"发展中的职能定位探析——以广东省军浦村为例》,《科技管理研究》2015年第11期。

李远龙、李照宇:《广西金秀瑶族石牌习惯法之违法规制探析——广西世居少数民族习惯法研究之二》,《广西民族研究》2010年第4期。

梁茂春:《从"鸡不拢鸭"到族际通婚——大瑶山瑶族内婚习俗嬗变的原因分析》,《广西民族研究》2007年第3期。

梁茂春:《金秀大瑶山瑶族族际交往态度的调查》,《广西民族研究》2004年第3期。

林晚华、邱艳萍:《手机出版:突破少数民族农村信息传播瓶颈的最优选择》,

《出版发行研究》2013 年第 1 期。

蔺玉红、邓建高、齐佳音：《手机媒体对农村青少年成长的影响》，《新闻战线》
　　2018 年第 9 期。

凌守兴：《我国农村电子商务产业集群形成及演进机理研究》，《商业研究》
　　2015 年第 1 期。

刘丹：《新工人阶级的手机传播与社会交往》，《现代传播》2016 年第 2 期。

刘利猛：《移动互联网、电子商务与物流在我国农村地区的协同发展》，《物流
　　技术装备版》2015 年第 6 期。

刘诗玥、胡国杰、徐晓琳等：《关于农村地区网络购物的现状分析》，《农村经
　　济与科技》2018 年第 1 期。

刘祥平：《论大众传播媒介与贵州民族地区民族文化传播》，《贵州民族研究》
　　2009 年第 3 期。

刘新利、梁亚鹏：《手机媒体对西藏乡村民主政治生活影响的民族志观
　　察——以拉萨市曲水县才纳乡协荣村为例》，《西藏民族大学学报（哲学
　　社会科学版）》2017 年第 2 期。

刘新利：《试论电视与少数民族国家认同的建构》，《新闻论坛》2013 年第
　　8 期。

刘星铄、吴靖：《从"快手"短视频社交软件中分析城乡文化认同》，《现代信息
　　科技》2017 年第 3 期。

卢春天、权小娟：《媒介使用对政府信任的影响——基于 CGSS2010 数据的实
　　证研究》，《国际新闻界》2015 年第 5 期。

卢春天、朱晓文：《城乡地理空间距离对农村青年参与公共事物的影响——
　　媒介和社会网络的多重中介效应研究》，《新闻与传播研究》2016 年第
　　1 期。

卢涛、邓俊淼：《基于"互联网+"的农特产品微商问题研究》，《农村经济与科
　　技》2016 年第 15 期。

陆媚、贺根生：《手机在民族地区农村科技传播中的作用》，《科技传播》2009
　　年第 8 期。

陆双梅:《手机与云南藏区社会空间的再生产》,《新闻大学》2018年第2期。

罗昶:《村规民约的实施与固有习惯法——以广西壮族自治区金秀县六巷乡为考察对象》,《现代法学》2008年第6期。

罗红光:《结构生成:广西大瑶山花篮瑶亲属制度演变的实践理性》,《民族研究》2014年第3期。

罗坤瑾:《框架理论下"少数民族"议题的媒介呈现》,《当代传播》2012年第5期。

莫金山、陈建强:《金秀大瑶山瑶族"点火把"婚俗》,《社会科学战线》2006年第3期。

聂林海:《我国电子商务发展的特点及趋势》,《中国流通经济》2014年第6期。

牛禄青:《农村电商:蓝海里的中国》,《新经济导刊》2015年第4期。

牛耀红:《建构乡村内生秩序的数字"社区公共领域"——一个西部乡村的移动互联网实践》,《新闻与传播研究》2018年第4期。

潘煜、高丽、王方华:《中国消费者购买行为研究——基于儒家价值观与生活方式的视角》,《中国工业经济》2009年第9期。

秦洁:《论"农村淘宝"项目实施的障碍因素及其消解策略》,《长江丛刊》2016年第27期。

清霞:《我国微商发展状况研究》,《商》2015年第16期。

邱淑英、纪晓萃:《基于农村经济发展新思路中电子商务的应用研究》,《企业导报》2012年第4期。

任国荣:《瑶山两月观察记》,《国立中山大学语言历史学研究所周刊·广西瑶山调查专号》第4卷第46期。

石声汉:《瑶歌》,《国立中山大学语言历史研究所周刊·广西瑶山调查专号》第4卷第47期。

宋滟泓:《农村市场展现巨大网购潜力,电商巨头下乡掘金前路泥泞》,《IT时代周刊》2015年第6期。

孙百鸣:《我国农村电子商务发展初探》,《北方经济》2005年第9期。

孙秋云、费中正：《消费现代性：手机与西江苗寨的社会变迁》，《贵州民族研究》2011 年第 3 期。

孙韬：《邮政进军"最后一百米"快递市场的发展对策》，《邮政研究》2015 年第 1 期。

孙信茹、苏和平：《媒介与乡村社会空间的互动及意义生产——云南兰坪大羊普米族村寨的个案考察》，《云南社会科学》2012 年第 6 期。

孙信茹、薛园：《媒介化语境中的民族文化"断裂代"——剑川县石龙白族村的个案研究》，《红河学院学报》2012 年第 5 期。

孙信茹、杨星星：《"媒介化社会"中的传播与乡村社会变迁》，《国际新闻界》2013 年第 7 期。

孙信茹、杨星星：《媒介化社会中的少数民族村民传播实践与赋权——云南大羊普米族村的研究个案》，《现代传播》2012 年第 3 期。

孙信茹、杨星星：《家庭照片：作为文化建构的记忆——大等喊傣族村寨的媒介人类学解读》，《新闻大学》2012 年第 3 期。

孙信茹：《手机和箐口哈尼族村寨生活——关于手机使用的传播人类学考察》，《现代传播（中国传媒大学学报）》2010 年第 1 期。

覃乃昌：《20 世纪的瑶学研究》，《广西民族研究》2003 年第 1 期。

谭华：《大众传播与少数民族社区的文化建构——对现代媒介影响下的村落变迁的反思》，《湖北民族学院学报》2007 年第 1 期。

汤祥、刘丽辉：《农村消费者网络购物情况调查及完善建议——基于皖北农村张集镇的调查》，《价值工程》2016 年第 6 期。

唐晓涛：《试论"猺"、民、汉的演变——地方和家族历史中的族群标签》，《民族研究》2010 年第 2 期。

田过龙、唐宁：《基于智能手机为移动终端的陕西农村交往方式研究》，《新闻研究导刊》2015 年第 6 卷第 12 期。

万嘉懿：《论真人秀〈变形计〉中的城乡文化差异》，《扬州教育学院学报》2014 年第 3 期。

汪向东：《衡量我国农村电子商务成败的根本标准》，《中国信息界》2011 年第 3 期。

汪向东:《新农人与"新农人现象"》,《河南日报(农村版)》2014 年 4 月 2 日。

王红、张瑞玉、董晓刚:《电子商务与农村经济发展》,《经营与管理》2014 年第
　　2 期。

王江生、梅黎:《浅谈媒介与少数民族身份认同的关系——以湘西少数民族
　　为例》,《新闻世界》2010 年第 10 期。

王丽荣、赵冬梅、黄鹤婷:《新生代农民工网购消费行为研究——基于心理距
　　离角度的讨论》,《农村经济》2014 年第 2 期。

王同惠:《广西象县东南乡花篮瑶社会组织》,《广西省政府特约研究专刊》
　　1936 年 6 月。

王紫薇、吴建霞、何宜航等:《论个人微商在农村精准扶贫工作中的比较优势
　　及提升策略》,《经济研究导刊》2019 年第 13 期。

温家林:《手机媒介在农村的"双刃剑"效应——韩家庄村手机使用实地调
　　查》,《文化与传播》2017 年第 8 期。

夏会珍、阮帅、杨伟松:《我国电子商务农村网购市场发展潜力研究》,《农村
　　经济与科技》2015 年第 3 期。

肖葛根、王艺璇:《游与离:农村青年淘宝店主的双重生活面向——以鲁西湾
　　头村为例》,《中国青年研究》2019 年第 3 期。

辛树帜:《广西前途和瑶山研究》,《新广西旬报》1928 年第 2 卷第 13 号。

徐何珊:《"微信群"与傣族村寨社会的并接——以西双版纳曼列寨为例》,
　　《西南民族大学学报(人文社会科学版)》2019 年第 1 期。

徐佩娴:《农产品微商的物流服务网络建设研究》,《中国市场》2015 年第
　　42 期。

徐平:《大瑶山调查与费孝通民族研究思想初探——纪念费孝通、王同惠大
　　瑶山调查七十周年》,《民族研究》2006 年第 2 期。

许孝媛、孔令顺:《强凝聚与弱分化:手机媒介在傣族村落中的功能性使用》,
　　《新闻与传播研究》2017 年第 2 期。

闫肖锋:《手机将成为"农二代"的话语利器》,《青年记者》2010 年第 16 期。

杨春红、杨妮:《淮安市农村居民网购情况调查分析》,《农村经济与科技》
　　2018 年第 12 期。

杨晶:《农村电商平台的发展演变与展望——以阿里巴巴"农村淘宝"项目为
　　例》,《唐山职业技术学院学报》2016 年第 4 期。

杨善华、朱志伟:《手机:全球化背景下的"主动"选择——珠三角地区农民工
　　手机消费的文化和心态解读》,《广东社会科学》2006 年第 2 期。

俞华:《我国微商新业态发展现状、趋势与对策》,《中国流通经济》2016 年第
　　12 期。

袁立庠、尚勤:《手机媒体对中国城乡"信息沟"因子的影响作用——一项基
　　于农村手机媒体信息传播的调查分析》,《现代传播》2012 年第 6 期。

曾亿武、邱东茂、沈逸婷等:《淘宝村形成过程研究:以东风村和军埔村为
　　例》,《经济地理》2015 年第 12 期。

曾亿武:《农产品淘宝村形成机理:一个多案例研究》,《农业经济问题》2016
　　年第 4 期。

张波、文小丽:《我国农村网购现状、地区差异及其发展前景的调查研究——
　　以贵州安顺、宁夏固原、云南曲靖、江苏徐州、河北唐山、重庆巫山部分农
　　村为例》,《时代金融》2017 年第 6 期。

张大钟:《上海文广的数字新媒体实践与创新》,《广播电视信息》2006 年第
　　9 期。

张明新、韦路:《移动电话在我国农村地区的扩散与使用》,《新闻与传播研
　　究》2006 年第 1 期。

张瑞倩:《电视对少数民族传统文化的"修补"——以青海"长江源村"藏族生
　　态移民为例》,《新闻与传播研究》2009 年第 1 期。

张喜才:《电子商务进农村的现状、问题及对策》,《农业经济与管理》2015 年
　　第 3 期。

张旭:《信息化背景下发展型农村地区手机使用人群分化研究——基于晋南
　　村庄的实证调查》,《山西农业大学学报(社会科学版)》2014 年第 5 期。

张萱:《我国"知识沟"的现状及对策探讨》,《青年记者》2011 年第 27 期。

张艳萍:《中国农村网购消费现状与引导策略——以淘宝网农村网购为例》,《福建工程学院学报》2016 年第 2 期。

张媛:《潜移默化:大众传媒与少数民族国家认同培养》,《传播与版权》2015 年第 8 期。

张振华:《我国农村电子商务发展面临的困境与创新路径》,《对外经贸实务》2015 年第 12 期。

赵晓春、王鲁美、李艳英:《我国手机媒体涉农传播的困境与对策》,《新闻界》2014 年第 9 期。

赵旭东、罗士泂:《大瑶山与费孝通人类学思想的展开》,《西北师大学报(社会科学版)》2016 年第 3 期。

郑松泰:《"信息主导"背景下农民工的生存状态和身份认同》,《社会学研究》2010 年第 3 期。

中国农业银行金秀县支行:《瑶山农业贷款要立足资源开发》,《广西金融研究》1985 年第 1 期。

中国农业银行柳州中心支行调研组:《开发大瑶山必须优先发展加工业》,《广西金融研究》1985 年第 2 期。

钟远涛:《浅析电子商务在农村的发展新模式》,《企业改革与管理》2015 年第 3 期。

周海琴、张才明:《我国农村电子商务发展关键要素分析》,《中国信息界》2012 年第 1 期。

周应恒、刘常瑜:《"淘宝村"农户电商创业集聚现象的成因探究——基于沙集镇和颜集镇的调研》,《南方经济》2018 年第 1 期。

邹华华、刘洪:《新媒体对农传播的现状、问题与对策》,《新闻界》2007 年第 2 期。

学位论文

边萃:《手机媒体对于缩小我国东北农村数字鸿沟作用的研究》,硕士学位论文,东北师范大学,2009年。

陈晨:《传播社会学视角下手机媒体的媒介文化研究——以鄂西民族地区的实地调研为个案》,硕士学位论文,中南民族大学,2012年。

陈克强:《广西中医药养生旅游的发展策略研究——以金秀瑶族自治县为例》,硕士学位论文,广西大学,2016年。

陈晫:《广西金秀瑶族服饰造型研究》,硕士学位论文,北京服装学院,2018年。

崔梦云:《涉农短视频社交软件传播研究》,硕士学位论文,郑州大学,2018年。

丁莹:《约翰·费斯克媒介文化研究述评》,硕士学位论文,华中师范大学,2009年。

杜宗景:《花篮瑶服饰刺绣文化的嬗变——以金秀六巷乡门头屯为例》,硕士学位论文,广西民族大学,2008年。

段广伟:《花篮瑶丧葬文化变迁研究——以广西金秀六巷乡门头屯为例》,硕士学位论文,广西民族大学,2008年。

官海琼:《欠发达地区县域经济发展中县级政府经济职能研究——以广西金秀县为例》,硕士学位论文,广西大学,2014年。

郭娅:《电子商务对陇南乡村日常生活的影响——以胡寨村为例》,硕士学位论文,兰州大学,2017年。

何娟娟:《广西金秀坳瑶黄泥鼓舞的田野调查与研究》,硕士学位论文,广西师范大学,2016年。

黄彩春:《大众传媒对农民生活方式的影响——对湖北省仙桃市联潭村的实证研究》,硕士学位论文,华中农业大学,2012年。

黄禾雨:《广西大瑶山瑶族饮食文化历史形态与变迁研究》,硕士学位论文,浙江工商大学,2010年。

黄华燕:《从石牌制到村民自治——六巷花篮瑶石牌制的嬗变》,硕士学位论文,广西民族大学,2008年。

黄建福:《盘瑶神像画研究——以广西金秀县道江村古堡屯盘瑶神像画为

例》,硕士学位论文,广西民族大学,2008 年。

黄金:《花篮瑶家庭结构与功能的变迁——以金秀六巷屯为例》,硕士学位论
　　文,广西民族大学,2008 年。

黄晴:《盘瑶巫医的文化变迁——以广西金秀县盘瑶巫医为例》,硕士学位论
　　文,中央民族大学,2015 年。

霍正成:《金秀瑶族习惯法的变迁与纠纷解决研究》,硕士学位论文,广西师
　　范大学,2014 年。

江洋:《快手之农村影像记录分析》,硕士学位论文,辽宁大学,2018 年。

姜彩杰:《手机媒介对农村社会交往方式的重构——以鲁南地区安太庄村为
　　例》,硕士学位论文,安徽大学,2013 年。

姜旻旻:《当代中国乡村"淘宝文化"研究——基于江苏泰州"Z 村"的样本调
　　查》,硕士学位论文,苏州大学,2017 年。

蒋远鸾:《花篮瑶赘婚初探——以广西大瑶山门头屯为例》,硕士学位论文,
　　广西民族大学,2008 年。

金军:《新媒体时代武陵山片区乡村民族文化嬗变及问题对策——基于大众
　　传媒对武陵山区民族文化生态影响的田野调查》,硕士学位论文,中南
　　民族大学,2013 年。

金玉萍:《日常生活实践中的电视使用——托台村维吾尔族受众研究》,博士
　　学位论文,复旦大学,2010 年。

兰宇:《瑶族狩猎文化研究——以金秀大瑶山瑶族为例》,硕士学位论文,广
　　西民族大学,2016 年。

李春霞:《电视与中国彝民生活——对一个彝族社区电视与生活关系的跨学
　　科研究》,博士学位论文,四川大学,2005 年。

李韩旭:《"快手"中的农民形象研究》,硕士学位论文,黑龙江大学,2018 年。

李宏刚:《新疆农村地区媒介生态环境研究》,硕士学位论文,新疆大学,
　　2007 年。

李佳妮:《湖南省农产品电子商务发展策略研究》,硕士学位论文,湖南农业
　　大学,2010 年。

李书晶：《孟州市"农村淘宝"发展的调查与分析》，硕士学位论文，河南工业大学，2016年。

李晓霞：《微商农产品市场监管对策研究》，硕士学位论文，云南农业大学，2017年。

李照宇：《茶山瑶治盗习惯法研究——以广西金秀瑶族自治县六段屯为例》，硕士学位论文，广西民族大学，2011年。

林广毅：《农村电商扶贫的作用机理及脱贫促进机制研究》，博士学位论文，中国社会科学院研究生院，2016年。

刘娟娟：《金秀坳瑶民歌研究》，硕士学位论文，广西师范大学，2015年。

罗彩芬：《农村居民网络购物意愿调查——以江西吉安为例》，硕士学位论文，江西财经大学，2016年。

满如华：《论广西瑶族社会组织的变迁对习惯法的影响》，硕士学位论文，广西师范大学，2016年。

聂珍臻：《广西金秀县平道村瑶族传统村落景观保护与发展研究》，硕士学位论文，广西大学，2018年。

潘若婵：《少数民族流动人口社交媒体使用与文化认同——基于布依族微信群的网络民族志研究》，硕士学位论文，华中科技大学，2015年。

潘小慧：《瑶医药文化旅游研究》，硕士学位论文，广西师范大学，2018年。

潘怿晗：《从村寨自治到村民自治——盘村社会治理结构变迁研究》，硕士学位论文，广西民族大学，2007年。

庞超：《和谐社会构建视野下农民政治参与问题研究》，博士学位论文，华东理工大学，2011年，第198页。

彭剑：《湖南省农产品电子商务推进策略研究》，硕士学位论文，湖南农业大学，2008年。

尚铭超：《金秀大瑶山旅游形象研究》，硕士学位论文，广西师范学院，2015年。

唐梧茜：《旅游城镇旧城改造中的居住文化保护评价研究——以金秀瑶族自治县为例》，硕士学位论文，广西大学，2016年。

田宏园:《手机媒介与少数民族村落日常生活——基于黄毛坪村的田野调查》,硕士学位论文,华中师范大学,2016年。

王志勇:《瑶族习惯法在广西瑶族地区社会治理中的地位与作用》,硕士学位论文,广西师范大学,2016年。

王竹:《长春市农村消费者网购意愿影响因素研究》,硕士学位论文,吉林农业大学,2017年。

韦贵方:《少数民族贫困村落旅游扶贫精准化研究——以金秀瑶族自治县平道村为例》,硕士学位论文,广西师范大学,2017年。

韦小雯:《从石牌制到乡规:民族地区乡村治理的历史嬗变研究——以金秀瑶族自治县瑶族石牌制个案为例》,硕士学位论文,广西民族大学,2013年。

韦杨:《〈大瑶山团结公约〉研究》,硕士学位论文,广西民族大学,2008年。

徐代春子:《农村电子商务发展路径研究》,硕士学位论文,浙江海洋大学,2016年。

徐文亮:《坳瑶傩面具文化传承研究——以广西金秀瑶族自治县下古陈为例》,硕士学位论文,广西民族大学,2012年。

杨春霞:《花篮瑶婚姻家庭的变迁——以广西大瑶山六巷村为例》,硕士学位论文,中央民族大学,2007年。

杨加密:《第一次现代化和第二次现代化重合背景下的数字鸿沟问题》,硕士学位论文,南京邮电学院,2003年。

尹录英:《基于广西金秀瑶族服饰文化的服饰品创新设计研究》,硕士学位论文,西安工程大学,2015年。

尤游:《社会转型期大众传媒在农村社区的角色分析——关于湘中三甲村的个案阐释》,博士学位论文,上海大学,2006年。

臧新宇:《技术发展与新型电商群体的社会学研究——以巴林左旗十三敖包镇淘宝村为例》,硕士学位论文,内蒙古师范大学,2019年。

张佰娟:《论微视频的个体表达及其文化意义》,硕士学位论文,东北师范大学,2008年。

张翠孝：《长沙农村手机媒介研究》，硕士学位论文，湖南大学，2010 年。

张瑜：《媒介生态试点下的东北农村地区手机使用研究——以辽宁省铁岭市安乐村为个案》，硕士学位论文，东北师范大学，2011 年。

赵富臣：《京东商城下乡服务模式研究——以南昌市农村为例》，硕士学位论文，南昌大学，2018 年。

赵海英：《手机：农村居民生活方式变迁的推进器——昌五社区个案研究》，硕士学位论文，哈尔滨工业大学，2011 年。

赵瑾：《斯图亚特·霍尔"编码与解码"理论的研究》，硕士学位论文，广西师范大学，2014 年。

赵似锦：《东乡族农村女性手机使用与影响研究》，硕士学位论文，兰州大学，2016 年。

钟少云：《大瑶山无字石牌研究》，硕士学位论文，广西民族大学，2014 年。

网络文献

阿里研究院：《阿里农产品电子商务白皮书（2013）》（http://www. aliresearch. com/？m-cms-q-view-id-76127. html）。

阿里研究院：《中国淘宝村研究报告（2017）》（http://www. askci. com/news/chanye/20171213/101849113875. shtml）。

工业和信息化部：《中国无线电管理年度报告（2018 年）》（http://www. miit. gov. cn/n1146290/n1146402/n1146440/c6692260/content. html）。

国家新闻出版广电总局：《国产网络游戏审批信息》（http://www. gapp. gov. cn/govservice/1980. shtml）。

虎嗅：《中国互联网里的非典型与逆向成长》（https://www. huxiu. com/article/177703. html）。

刘明伟：《当人们都在谈论微商的时候，他们到底在谈论什么》（http://www. iheima. com/article-147674. html）。

浙江大学管理学院、阿里研究院：《包容性创新和增长：中国涉农电子商务发展研究报告》(http://www. som. zju. edu. cn/xinwenzhongxin/chubanwu/
30731. html)。

中国电子商务研究中心:《2016 中国微商行业市场研究报告》(http://b2b.
toocle. com/detail-6354477. html)。

中国国际电子商务中心:《中国农村电子商务发展报告(2017—2018)》
(http://www. 199it. com/archives/805043. html)。

中国互联网络信息中心:《第 43 次中国互联网络发展状况统计报告》
(http://www. cnnic. net. cn/hlwfzyj/hlwxzbg/hlwtjbg/201902/P020190318
523029756345. pdf)。

外文文献

Angela C. Garcia, Alecea I. Standlee, JenniferBechkoff, and Yan Cui,
" Ethnographic Approaches to the Internet and Computer-Mediated
Communication ", *Journal of Contemporary Ethnography*, Vol. 38, No.
1, 2009.

Anne Beaulieu, " Mediating Ethnography: Objectivity and the Making of
Ethnographies of the Internet ", *Social Epistemology*, Vol. 18, No. 2 -
3, 2004.

Annette N. Markham, " Reconsidering Self and Other: The Methods, Politics,
and Ethics of Representation in Online Ethnography ", in N. Denzin and Y.
Lincoln (eds.), *The Sage Handbook of Qualitative Research (3rd ed.)*,
Thousand Oaks, CA: Sage, 2005.

Barry Brown, Nicola Green, and Richard Harper, *Wireless World : Social and
Interactional Aspects of the Mobile Age*, London: Springer, 2002.

Daniel Miller and Don Slater, *The Internet : An Ethnographic Approach*, New
York: Berg Editorial Office, 2000.

E. Gabriella Coleman, " Ethnographic Approaches to Digital Media ", *Annual*

Review of Anthropology, Vol. 39, 2010.

Everett M. Rogers, "Communication and Development: The Passing of the Dominant Paradigm", *Communication Research*, Vol. 3, No. 2, 1976.

L. Fortunati, "The Mobile Phone and Democracy: An Ambivalent Relationship", in Kristof Nyiri (ed.), *Mobile Democracy : Essays on Society, Self and Politics*, Vienna: Passagen Verlag, pp. 239 – 258.

H. Kim, G. J. Kim, H. W. Park, and R. E. Rice, "Configurations of Relationships in Different Media", *Journal of Computer-Mediated Communication*, Vol. 12, No. 4, 2007.

Haddon Leslie, *Information and Communication Technologies in Everyday Life : A Concise Introduction and Research Guide*, Oxford: Berg, 2004.

Harrison Rainie, Lee Rainie, and Barry Wellman, Networked, *The New Social Operating System*, Cambridge, MA: The MIT Press, 2012.

Hine Christine, *Virtual Ethnography*, London: Sage, 2000.

James E. Katz and Mark Aakhus, *Perpetual Contact : Mobile Communication, Private Talk, Public Performance*, Cambridge: Cambridge University Press, 2002.

Jones Steve, *Doing Internet Research : Critical Issues and Methods for Examining the Net*, Thousand Oaks, CA: Sage, 1999.

Katie J. Ward, "Cyber-Ethnography and the Emergence of the Virtually New Community", *Journal of Information Technology*, Vol. 14, No. 1, 1999.

L. Sade-Beck, "Internet Ethnography: Online and Offline", *International Journal of Qualitative Methods*, Vol. 3, No. 2, 2004.

Liu Jingjing, et al. , "Enriching the Distressing Reality: Social Media Use by Chinese Migrant Workers", in CSCW'14 Proceedings of the 17th ACM Conference on Computer Supported Cooperative Work & Social Computing, 2014.

Mann Chris and Fiona Stewart, *Internet Communication and Qualitative Research :*

A Handbook for Researching Online, London: Sage, 2000.

Mizuko Ito, Daisuke Okabe, and Misa Matsuda (eds.), *Personal*, *Portable*, *Pedestrian*: *Mobile Phones in Japanese Life*, Cambridge, MA: MIT Press, 2006.

R. V. Kozinets, "The Field behind the Screen: Using Netnography for Marketing Research in Online Communities", *Journal of Marketing Research*, Vol. 39, No. 1, 2002.

Rich Ling, *The Mobile Connection*, San Francisco: Morgan Kaufman, 2004.

Schaap Frank, *The Words that Took Us There: Ethnography in a Virtual Reality*, Amsterdam: Aksant Academic Publishers, 2002.

Shoham Aviv, "Flow Experiences and Image Making: An Online Chat-Room Ethnography", *Psychology and Marketing*, Vol. 21, No. 10, 2004.

后　记

　　本书是一部关于广西金秀瑶山瑶族智能手机应用的民族志著作。近年来,随着信息网络技术的迅猛发展,金秀瑶山瑶族卷入了一场由智能手机主导的信息洪流之中。金秀瑶族的日常生活、工作生产、文化娱乐、社会网络诸方面均发生深刻变化。本书即记录这场金秀瑶山正在经历的"信息革命"。

　　本书属于中国西南研究"重访民族志丛书"的一种,丛书由何明教授发起。我负责广西金秀瑶山的重访研究。金秀瑶山因费孝通、王同惠夫妇早期的田野调查而闻名。无数后学再赴金秀,产出大量学术作品。与大部分金秀重访研究不同,笔者聚焦于近年来由智能手机引发的瑶族生活世界的剧烈变迁过程。

　　本书田野调查的时间集中在 2019 年 1—2 月,这实际是一项由笔者组织的集体调查活动,参与者主要是云南大学民族学与社会学学院的研究生及本科生,包括黄元荣、张昌政、杨江婷、康增雄、胡月、耿丽琼和缪祥圆等。对参与调研的学生,笔者深表谢意!

　　感谢广西民族大学玉时阶教授和莫金山教授在项目调研中提供的帮助,感谢金秀县民族宗教事务局为我们项目调研的顺利开展提供的诸多便利。金秀瑶族青年胡宗传曾就读于广西民族大学民族学与社会学学院,他一直保持着对本族文化的研究热情,在项目调研中为我们提供了大量帮助,谨表谢意。拙作的调研得到了六巷乡众多干部和村民的支持,我们的感激之情无以言表,唯愿那里的人们,生活越来越好!

　　当然,因时间紧、任务重,加之本人水平所限,拙作肯定有很多不足之处,敬请指教,匡我不逮。

图书在版编目（CIP）数据

走出去：金秀瑶山手机媒介应用的民族志调查 / 何
海狮，欧阳洁著 . — 北京：商务印书馆，2022
（重访民族志丛书）
ISBN 978-7-100-19994-0

Ⅰ . ①走… Ⅱ . ①何… ②欧… Ⅲ . ①瑶族—民族调
查—中国 Ⅳ . ① K285.1

中国版本图书馆 CIP 数据核字（2021）第 119910 号

重访民族志丛书
走出去
金秀瑶山手机媒介应用的民族志调查
何海狮　欧阳洁　著

商 务 印 书 馆 出 版
（北京王府井大街 36 号　邮政编码 100710）
商 务 印 书 馆 发 行
江苏凤凰数码印务有限公司印刷
ISBN 978-7-100-19994-0

2022 年 2 月第 1 版　　　开本 880×1240 1/32
2022 年 2 月第 1 次印刷　　印张 7⅝

定价：49.00 元